行事《ぎょうじ》むかしむかし

谷 真介／文　赤坂三好／絵

はじめに

むかしから一年《いちねん》に一度《いちど》、きまった日《ひ》に、くりかえし行《おこな》われているまつりや行事《ぎょうじ》、ならわしがあります。「年中行事《ねんちゅうぎょうじ》」とよぶ、こうしたくらしの中《なか》でつたえられてきた文化《ぶんか》は、いつごろ、どのようにして生《う》まれてきたのでしょう。

各地《かくち》につたわるむかし話《ばなし》の中《なか》には、どうぶつたちのきょうそうによってきめられたという、年《とし》のはじめの十二支《じゅうにし》の話《はなし》をはじめ、そのなり立《た》ちが楽《たの》しく語《かた》られている話《はなし》がたくさんあります。

この『行事《ぎょうじ》むかしむかし』では、年少《ねんしょう》の子《こ》どもたちにもきょうみの持《も》てる、年中行事《ねんちゅうぎょうじ》のむかし話《ばなし》をしょうかいしました。

また、「行事《ぎょうじ》」のミニ解説《かいせつ》には、それぞれの行事《ぎょうじ》のなり立《た》ちやむかし話《ばなし》とのつながりについてしょうかいしました。

十三《じゅうさん》のお話《はなし》を、楽《たの》しんでください。

もくじ

※本書《ほんしょ》は、一九九〇年《ねん》から一九九二年《ねん》にかけて、小社《しょうしゃ》から刊行《かんこう》された絵本《えほん》「行事《ぎょうじ》むかしむかし」シリーズ（全十三巻《ぜんじゅうさんかん》）を、「読《よ》み聞《き》かせ版《ばん》」として刊《かん》行《こう》したものです。刊行《かんこう》にあたって、絵本版《えほんばん》の字句《じく》の一部《いちぶ》を改《あらた》めました。本文《ほんぶん》ページの絵《え》は、同絵本版《どうえほんばん》の絵《え》をモノクロ版《ばん》とし、二次使用《にじしよう》しています。

年の始め

十《じゅう》二《に》支《し》のはじまり

むかしむかし、ある年《とし》のくれに、かみさまがどうぶつたちをあつめて、いいました。

「元日《がんじつ》の朝《あさ》、新年《しんねん》のあいさつに御殿《ごてん》にきなさい。いちばん早《はや》くきたものから十二番《じゅうにばん》まで、じゅんばんに一年間《いちねんかん》ずつ、どうぶつたちの王《おう》さまにしてやろう」

そのうえ、かみさまは、お正月《しょうがつ》のごちそうをしてくださるというのです。

どうぶつたちは大《おお》よろこびで、家《いえ》に帰《かえ》っていきました。

ところが、ねこが御殿《ごてん》へいく日《ひ》をわすれてしまったのです。

ねこは、ねずみのところへいって、たずねました。

「それは、新年《しんねん》の二日《ふつか》だよ」

ねずみは、一日《いちにち》おくれた日《ひ》を教《おし》えました。

「それなら、あわてることはない。冬《ふゆ》はさむくて、ねむくてね」

ねこは、ほあーっと、あくびをしながら帰《かえ》っていきました。

いよいよ、新《あたら》しい年《とし》がやってきました。

牛《うし》はあるくのがおそいので、くらいうちにおきて、のっそり家《いえ》を出《で》ました。

それを見《み》たねずみは、ぴょん！

いそいで牛《うし》のせなかにとびのりました。

大《おお》きな牛《うし》は、何《なに》も気《き》がつきません。

のっそりのっそり、くらい道《みち》をあるいて、かみさまの御殿《ごてん》につきましたが、まだ門《もん》がしまっていました。

「ちょっと、早《はや》すぎたかな」

牛《うし》は、門《もん》の前《まえ》でまつことにしました。

ねずみはそれまで、あたたかい牛《うし》のせなかでひとねむりです。

だんだん、空《そら》が明《あか》るくなってきました。

すると門番《もんばん》が、ぎぎぎーいと、おもいとびらをひらきました。

牛《うし》がよろこんで、中《なか》へ入《はい》ろうとすると、

「おっとっと。一番《いちばん》のりはわたしだよ。しつれい！」

ねずみがせなかからとびおりて、御殿《ごてん》の中《なか》へ走《はし》っていきました。けれども、牛《うし》はおこりません。

「なあに、一番《いちばん》にならなくても、十二番《じゅうにばん》までに入《はい》れば、

いいんだ。あわてることはないさ」

のっそりのっそり、首《くび》をふりながら、御殿《ごてん》の中《なか》へ入《はい》っていきました。

こうして、ねずみが一番《いちばん》、牛《うし》が二番《にばん》になりました。

牛《うし》のあとから、いきおいよくかけこんできたのは、とらです。

そのあとから、ぴょんぴょん、うさぎがはねてきました。うさぎはあわててとびおきてきたのか、目《め》がまっ赤《か》です。

ふりむくと、へびとたつが、くねくね、きょうそうしています。

二《に》ひきは、ほとんど同時《どうじ》です。

「ひげが先《さき》に入《はい》った、たつのかち。へびはおしくも六番《ろくばん》めー」

門番《もんばん》が、大《おお》きな声《こえ》でいいました。

七番《ななばん》めに、馬《うま》が、ぱかぱか、たてがみをゆすって走《はし》ってくると、そのあとは、ひつじ、さる、にわとりがつづきました。

にわとりは、

「いつもわたしが、みんなに朝《あさ》がきたことを、知《し》らせているのに――。きょうにかぎって、ねぼうしちゃってね」

はずかしそうに、門番《もんばん》にいいました。

そこへ、かみさまが出《で》てこられて、門番《もんばん》にいいました。

「はじめは、十二番《じゅうにばん》までにしようと思《おも》ったが、きょうは元日《がんじつ》。わしもいろいろいそがしいので、十番《じゅうばん》まででいいだろう。もう門《もん》をしめてよい」

門番《もんばん》が、おもいとびらをしめていると、

「おーい。おーい。まってくれー」

「まってくれよー」

もうもうと土《つち》けむりをあげながら、走《はし》ってくるものがいます。

太《ふと》ったいのししと、犬《いぬ》です。
あっ、いのししが前《まえ》へ出《で》ました。
あっ、今度《こんど》は犬《いぬ》が前《まえ》へ出《で》ました。
ぬいたりぬかれたり、どちらもはやい。
いのししは、きばをむいて、すごい顔《かお》。
まけるものかと、ものすごいいきおいで走《はし》って、とうとう犬《いぬ》をぬきました。
けれども、いのししは、きゅうに止《と》まれません。
どしん!
しまりかけた門《もん》のとびらに、頭《あたま》からぶつかってしまいました。
いのししはとびらに大《おお》きなあなをあけて、ころがってしまいました。
「いのししさん。お先《さき》にしつれい」

そのすきに、犬《いぬ》はとびらのあなから御殿《ごてん》へかけこんでいきました。

　こうして、犬《いぬ》は十一番《じゅういちばん》、いのししはさいごの十二番《じゅうにばん》めになりました。

　十二《じゅうに》ひきのどうぶつたちは、かみさまから、おいしいお正月《しょうがつ》の料理《りょうり》をごちそうになって、みんなにこにこ顔《がお》です。

　そして、その年《とし》のどうぶつの王《おう》さまにえらばれた、いちばん小《ちい》さなねずみの頭《あたま》に、うつくし

い王冠《おうかん》がかがやきました。

さて、つぎの日《ひ》の朝《あさ》のことです。

ねこが、かみさまの御殿《ごてん》へやってきました。

「おかしいな。だれもいないぞ。早《はや》すぎたのかな？」

いくらまっても、友《とも》だちのどうぶつたちはあらわれません。

ねこは、そうじをしている門番《もんばん》にたずねました。

「みんながあつまったのは、きのうだ。何《なに》をねぼけておるんだね。家《いえ》へ帰《かえ》って、顔《かお》でもあらうんじゃな」

門番《もんばん》のおじいさんにからかわれて、ねこははじめて、ねずみにだまされたことを知《し》りました。

ねことねずみのなかがわるくなったのは、このときからです。

そしてこのときから、ねこはねぼけないように、一日《いちにち》に何回《なんかい》も自分《じぶん》の顔《かお》をあらうようになった、という話《はなし》です。

一月

はつゆめは ひみつ

むかしむかし、あるところに、大金《おおがね》もちの家《いえ》がありました。

お正月《しょうがつ》の三日《みっか》の朝《あさ》のことです。

おてつだいさんたちが、おぞうにを食《た》べていると、だんなさんがにこにこ顔《がお》で、みんなにいいました。

「きのうのばん、どんなはつゆめを見《み》たかな？　よいゆめを見《み》たものは、そのゆめを買《か》ってやろう。さあ、話《はな》してごらん」

だんなさんは、ひとりずつ話《はなし》を聞《き》いていきましたが、すてきなゆめはありません。

「九助《きゅうすけ》は、どんなはつゆめを見《み》たんじゃ？　話《はな》してごらん」

だんなさんは、さいごに、いちばん小《ちい》さい小僧《こぞう》さんの九助《きゅうすけ》にたずねました。

「はい。とってもよいゆめを見《み》ました。けれども、自分《じぶん》が見《み》たゆめは、人《ひと》にはいいません。だいじにとっておきます」

「わしは、高《たか》いお金《かね》で買《か》ってやるといってるんじゃ。どうしても、いわぬのか」

「はい。いいません」

「主人《しゅじん》のいうことを、聞《き》かぬのか。そういうやつは、もうよい。とっとと、この家《いえ》から出《で》ていけ！」

九助《きゅうすけ》は、家《いえ》からおい出《だ》されてしまいました。

お正月《しょうがつ》だというのに、九助《きゅうすけ》はふろしきににもつをまとめて、てくてく海辺《うみべ》の村《むら》の家《いえ》へ、帰《かえ》っていきました。

「ゆめみたいな、わけのわからんものを、買《か》ってくれるというんだ。けっこうなことじゃ。そのゆめを、話《はな》してみろ。かわりに、わしがだんなさんに買《か》ってもらってくるから」

お父《とう》さんがいいましたが、九助《きゅうすけ》はだまったままです。

すると、お父《とう》さんがおこり出《だ》しました。

「だんなさんのいうことも、親《おや》のいうことも、聞《き》けぬのか。そんなやつは、家《いえ》にもおかぬ」

そういって、九助《きゅうすけ》を小《ちい》さな舟《ふね》にのせて、海《うみ》へながしてしまいました。

どんぶら、どんぶら……。

九助《きゅうすけ》をのせた舟《ふね》は、なみにゆられて、どこまでもながれていきました。

十六日《じゅうろくにち》めに、やっと岩《いわ》だらけの島《しま》が見《み》えました。

舟《ふね》が島《しま》に近《ちか》づくと、岩《いわ》のかげから、たくさんのオニがあらわれました。青《あお》オニや赤《あか》オニたちは、岩《いわ》の上《うえ》にすわって、おそろしい、大《おお》きな口《くち》をあけました。

そして、ぐび、ぐびびび――。

と、いっせいに海《うみ》の水《みず》をすいこみはじめると、舟《ふね》はまたたくまにすいよせられて、九助《きゅうすけ》はオニたちにつかまってしまいました。

「うまそうな、人間《にんげん》の子《こ》じゃ。やつざきにして、早《はや》く食《く》おう」

みんながさわいでいると、一《いっ》ぴきのオニが走《はし》ってきました。

「まて、まて。大王《だいおう》さまは、そいつをなべじるにするとよ。さむいから、とんとんとんと細《こま》かく切《き》ってな。大《おお》なべでぐずぐずにてな。みんなで食《く》うから、つれてこいとよ――」

そういうので、九助《きゅうすけ》はオニの大《だい》

王《おう》のいる岩屋《いわや》へ、つれていかれました。

大王《だいおう》は、牛《うし》ほどもある大《おお》オニです。

「食《た》べられる前《まえ》に、何《なに》かいいのこすことはないか？」

と、たずねるので、九助《きゅうすけ》はいいました。

「オニの大王《だいおう》さまというのは、むかしから、たからものをもっておると聞《き》きました。ぜひ、そのたからものを見《み》せてください。あの世《よ》へのみやげ話《ばなし》にしたいのです」

九助《きゅうすけ》がいうと、オニの大王《だいおう》はよろこんで、おくから三本《さんぼん》のぼうをもってきました。

「このぼうはな、『千里《せんり》。千里《せんり》。早《はや》くとべ！』と、いえば、すぐ千里《せんり》走《はし》る。これは、耳《みみ》にあてると、鳥《とり》のことばがわかるぼうじゃ。それからこれは、死《し》んだものの顔《かお》をなでると、たちまち生《い》きかえるぼうじゃ。どれもこの世《よ》に二《ふた》つとない、たからものじや」

九助《きゅうすけ》はすきをねらって、三本《さんぼん》のふしぎなぼうを、すばやく手《て》にすると、オニの大王《だいおう》が口《くち》をすべらせたじゅもんを、早口《はやくち》でとなえました。

「千里《せんり》。千里《せんり》。早《はや》くとべ！」

すると、体《からだ》がふわりとうきあがりました。

「しまった。わしのたからものだ。かえせ、かえせ。何《なに》をぐずぐずしておる。早《はや》くあいつをつかまえろ！」

オニの大王《だいおう》がさけぶと、オニたちがおいかけてきました。

けれども、どうにもなりません。

千里《せんり》のぼうにまたがった九助《きゅうすけ》は、どんどん空《そら》へのぼっていきました。そして、あとの二本《にほん》のたからのぼうをしっかりりょうわきにかかえて、鳥《とり》のように、ずんずん海《うみ》をこえていきました。

山《やま》のふもとの村《むら》までとんでくると、九助《きゅうすけ》はお寺《てら》の門《もん》の前《まえ》におりました。

木《き》の上《うえ》で、カラスたちが鳴《な》いています。

「何《なに》を話《はな》しておるのかな？」

鳥《とり》のことばがわかるぼうを耳《みみ》にあてると、カラスの話《はなし》が聞《き》こえました。

「えさもくれたよ。やさしいむすめだったなあ」

「かわいそうだなあ。もう死《し》んだかもしれんなあ」

カラスたちは、村《むら》の長者《ちょうじゃ》の病気《びょうき》のむすめの話《はなし》をしていました。

九助《きゅうすけ》は、いそいで長者《ちょうじゃ》のやしきへいきました。

たくさんの人《ひと》たちが、ないています。

「むすめさんは、どこですか？　わたしが、生《い》きかえらせてあげましょう」

九助《きゅうすけ》がいうと、すぐにおくのへやへ通《とお》されました。

「たったひとりのむすめじゃ。生《い》きかえったら、のぞみのものをなんでもさしあげましょう」

むすめにすがりついてないていた長者《ちょうじゃ》さんは、目《め》をまっ赤《か》にはらしていいました。

九助《きゅうすけ》はひとりだけにしてもらうと、ふしぎなぼうで、むすめさんの顔《かお》を、そっとなでました。

すると、日《ひ》がさすように、みるみるむすめさんの顔《かお》がかがやいて、

大《おお》きな目《め》を、ぱちりとひらいたのです。

長者《ちょうじゃ》さんは、大《おお》よろこびです。

「九助《きゅうすけ》どの。ありがとうよ。どうか、むすめのむこになってくだされ」

そういわれて、九助《きゅうすけ》は長者《ちょうじゃ》の家《いえ》のむこになりました。

これが、九助《きゅうすけ》が見《み》た、はつゆめだったのです。

はつゆめがそのとおりになった九助《きゅうすけ》は、いつまでも長者《ちょうじゃ》のむすめと、しあわせにくらしました。

ですから、お正月《しょうがつ》の二日《ふつか》の夜《よる》に見《み》たよいはつゆめは、だれにも話《はな》さないこと。そうすれば、九助《きゅうすけ》のように、ゆめがほんとうになる、という話《はなし》です。

二月

オニといりまめ

むかしむかし、オニがまだ山《やま》おくにすんでいたころのことです。

その年《とし》は、春《はる》からちっとも雨《あめ》がふりません。日《ひ》でりがつづいて、田《た》んぼのいねは、どこもみな、かれはじめていました。

「ああ、だれでもいいよ。雨《あめ》をふらせてくれたら、かわいいひとりむすめのおふくを、よめにやってもいいよ」

空《そら》を見《み》あげながら、おふくのお母《かあ》さんはうんざりして、じょうだんをいいました。

その声《こえ》が、山《やま》おくに聞《き》こえたのでしょう。

どっぽら、どっぽら、オニがやってきました。

「おまえがいったことは、ほんとうか？　雨《あめ》をふらしたら、むすめをよめにくれるんだな」

おふくのお母《かあ》さんは、こまってしまいました。

そこで、

「おらの田《た》んぼだけではねえよ。村《むら》じゅうの、どこの田《た》んぼのいねも、みんな実《みの》ってな。豊年万作《ほうねんまんさく》になるほど、たくさん雨《あめ》をふらしてくれたらな」

それを聞《き》くと、オニはよろこんで、山《やま》へ帰《かえ》っていきました。

しばらくすると、山《やま》のほうで、かみなりが鳴《な》り出《だ》しました。

空《そら》に黒《くろ》い雲《くも》が、もくもく広《ひろ》がって、大《おお》つぶの雨《あめ》がふってきました。

雨《あめ》は夜《よる》になっても、やみません。一《ひと》ばんじゅうふりつづいて、つぎの日《ひ》の朝《あさ》、やみました。

そして三日《みっか》晴《は》れると、また一日《いちにち》だけふりました。

おひゃくしょうさんたちは、大《おお》よろこびでした。

秋《あき》になると、どこの田《た》んぼのいねも、ゆたかに実《みの》りました。

見《み》わたすかぎり、黄金《こがね》の穂《ほ》がかがやいて、頭《あたま》をたれ、なみをうっていました。

すると、山《やま》おくから、オニがやってきたのです。

「いねは、いっぺえ実《みの》ったべ。やくそくどおり、かわいいおふくをよめにくれろ」

オニはえんがわにどかっとすわって、にかっとわらいました。

ことわれば、何《なに》をされるかわかりません。

おふくのお母《かあ》さんは、何度《なんど》も何度《なんど》もためいきをつきながら、おふくにオニの話《はなし》をしました。

おふくは、何度《なんど》も何度《なんど》もなみだをぬぐいながら、やっと小《ちい》さくうなずきました。

「おふくや。これを、道《みち》におとしながらいくんだよ。いつかお母《かあ》さんが会《あ》いにいくとき、道《みち》しるべになるからね」

お母《かあ》さんはそういって、なの花《はな》のたねが入《はい》ったふくろを、そっと、おふくのきもののたもとに入《い》れました。

なみだをぬぐっては、一《ひと》つぶ。

なみだをおとしては、また一《ひと》つぶ……。

おふくはオニにわからないように、なの花《はな》のたねを、足元《あしもと》におとしていきました。

オニのすみかは、山《やま》おくの一《いっ》けん家《や》でした。

おふくはかなしい気《き》もちをわすれようと、毎日《まいにち》せっせとはたらきました。

ところが冬《ふゆ》になって、雪《ゆき》がふると、オニは朝《あさ》からおさけばかりのんで、よっぱらっていました。

おふくは、家《いえ》へ帰《かえ》りたくてたまりません。

やがて、春《はる》がきました。

すっかり雪《ゆき》もとけたので、おふくはひさしぶりに外《そと》に出《で》ました。

黄色《きいろ》いなの花《はな》が、木《き》のかげにさいていました。

そのなの花《はな》は山《やま》の下《した》までつづき、光《ひかり》の川《かわ》のように、どこまでもくねりながら、遠《とお》い春《はる》のかすみの中《なか》にきえていました。

「きれいなお花《はな》……」

おふくは、なの花《はな》に、そっと顔《かお》をよせました。

お母《かあ》さんのにおいがしました。

おふくは、はっとしました。

「そうよ、そうよ。この花《はな》は、お母《かあ》さんがいった道《みち》しるべの花《はな》よ。この花《はな》を、ずっとずっとたどっていけば、お母《かあ》さんに会《あ》える。家《いえ》へ帰《かえ》れるのよ――」

そう思《おも》うと、いても立《た》ってもいられなくなりました。

　おふくは、がまんができなくなって、走《はし》り出《だ》しました。

「まてぇ、おふく。なぜにげる――」

　よっぱらってねていたオニが、おいかけてきました。

　おふくは、何度《なんど》も何度《なんど》もふりむきながら、むちゅうで走《はし》りました。

「まてぇ、おふく。にがさんぞ――」

　オニは両手《りょうて》をふりあげ、

なの花《はな》をけちらして、あばれ牛《うし》のように、あとをおってきました。

「お母《かあ》さん、わたしよ。おふくよ。たすけて。にげてきたの――」

おふくは、家《いえ》の中《なか》へかけこんでいきました。

オニがおいかけてくると聞《き》くと、おふくのお母《かあ》さんは大《おお》いそぎで、家《いえ》の戸《と》をみんなしめてしまいました。

そこへ、オニがやってきました。

「おふくは、どこだ。おふくを出《だ》せ！」

「おまえは、さけばかりのんで、よっぱらっておるというではないか。そんなものに、かわいいむすめはやれぬ」

戸《と》のすきまから、おふくのお母《かあ》さんがいうと、オニは、きゅうにやさしくなって、

「もう、のまぬ。やくそくするからよ。おふくをくれろ」

頭《あたま》を地面《じめん》にこすりつけながら、いいました。

すると、おふくのお母《かあ》さんは、戸《と》のすきまから、いったまめを、外《そと》へなげました。

「そんならな。そのまめを土《つち》にうめてな。水《みず》をやってな。いっしょうけんめいそだてて、きれいな花《はな》をさかせてみろ。その花《はな》をもってきたら、おふくをやろう」

オニはまめをひろって、

山《やま》へ帰《かえ》っていきました。

そして、土《つち》にうめて、水《みず》をやりましたが、いくらたっても芽《め》が出《で》ません。

そのうちに、一年《いちねん》がたってしまいました。

オニはもう一度《いちど》まめをもらいに、おふくの家《いえ》にやってきました。

おふくのお母《かあ》さんは、また戸《と》のすきまから、いったまめをなげました。

オニはまめをひろって、山《やま》へ帰《かえ》っていきましたが、やっぱり芽《め》は出《で》ませんでした。

春《はる》になると、オニはまたまたおふくの家《いえ》へやってきました。

「もう、このまめはいやじゃい。ほかのたねをくれろ。きれいな花《はな》をたくさんさかせて、もってくるからよ」

オニはいいましたが、お母《かあ》さんとおふくは、今度《こんど》も戸《と》のすきまから、いったまめをなげました。

オニはとうとう、まめを見《み》るのがいやになりました。

そして、おふくの家《いえ》へこなくなりました。

この話《はなし》を聞《き》いた村《むら》の人《ひと》たちは、どこの家《いえ》でも、魔《ま》もののオニがこないように、オニがきらいな、いったまめを、家《いえ》のまわりにまくようになりました。

これが、節分《せつぶん》のまめまきのはじまりだ、という話《はなし》です。

三月

たまごから うまれた女《おんな》の子《こ》

むかしむかし、あるところに、お金《かね》もちのふうふがいました。くらしにはこまりませんが、子《こ》どもには、なかなかめぐまれません。

二人《ふたり》は、毎日《まいにち》、村《むら》はずれのお宮《みや》へいっては、子《こ》どもをさずかるように、かみさまにいのっていました。

ある日《ひ》のことです。

家《いえ》の前《まえ》に、たまごがたくさん入《はい》ったはこが、おいてありました。

大《おお》きな、手《て》まりほどもあるたまごです。

数《かぞ》えると、みんなで五十《ごじっ》こもありました。

おくさんはおどろいて、主人《しゅじん》に見《み》せました。

「きっと、かみさまがくださったのです。だいじにたまごをかえして、そだててみましょう」

というと、主人《しゅじん》は、

「なんのたまごかわからぬし、気味《きみ》がわるい」

といって、たまごを川《かわ》へすててしまいました。

たまごが入《はい》ったはこは、どんぶらぶらぶら、川《かわ》をながれていきました。

そして、川下《かわしも》で魚《さかな》をとってくらしている、まずしいわかいふうふにひろわれました。

このふうふにも、子《こ》どもがありません。

けれども、やさしいふうふは、

「なんのたまごかわからぬが、めずらしいたまごじゃ。ひとつ、わしらでかえして、そだててみよう」

そういって、たまごを家《いえ》へもっていくと、ふとんにくるんであたためました。

何日《なんにち》かすると、五十《ごじっ》このたまごのからがつぎつぎとわれて、中《なか》から小《ちい》さな小《ちい》さな赤《あか》ちゃんが、生《う》まれてきました。

「うんぎゃあ」

「おんぎゃあ」

となく、その声《こえ》の元気《げんき》のよいこと。

「ああ、よし、よし……」

わかいふうふは、大《おお》いそがしです。

五十人《ごじゅうにん》の小《ちい》さな小《ちい》さな赤《あか》ちゃんを、ひとりずつ手《て》のひらにのせて、うぶゆをつかわせました。

赤《あか》ちゃんはみんな、かわいい女《おんな》の子《こ》です。

まずしいうえに、いっぺんに五十人《ごじゅうにん》もの子《こ》どもができたので、たいへんです。

けれども、わかいふうふは、体《からだ》によいよもぎを入《い》れたおかゆ

で、いっしょうけんめい、五《ご》十《じゅう》人《にん》の赤《あか》ちゃんたちをそだてました。

いつのまにか、十年《じゅうねん》がすぎました。

むすめたちは病《びょう》気《き》ひとつせず、みんな元《げん》気《き》にそだちました。

今《いま》ではすっかり大《おお》きくなって、せたけも、ふつうのむすめとちっともかわりません。

ところがお父《とう》さんは、

はたらきすぎたのか、病気《びょうき》でなくなってしまったのです。お母《かあ》さんひとりで、五十人《ごじゅうにん》のむすめをそだてることは、とてもできません。

ある日《ひ》のこと、お母《かあ》さんは、むすめたちにいいました。

「おまえたちはね、木《き》のはこに入《はい》って、川上《かわかみ》からながれてきたんだよ。川上《かわかみ》の村《むら》をさがしたら、ほんとうのお母《かあ》さんに会《あ》えるかもしれない。どんなくらしをしておるかわからない。けれども、わたしたちよりまずしいことは、ないだろうよ。みんなでたずねていくといい」

話《はなし》を聞《き》いた五十人《ごじゅうにん》のむすめたちは、川《かわ》にそってあるいていきました。

山《やま》の近《ちか》くの大《おお》きなやしきの前《まえ》までくると、中《なか》から年《とし》をとった女《おんな》の人《ひと》が、出《で》てきました。

むすめたちのきているきものは、ぼろぼろですが、みんなふくよかな顔《かお》をして、にています。

女《おんな》の人《ひと》は、ふしぎに思《おも》って、たずねました。

「あなたたちは、どこからきたの？」

むすめたちは、川下《かわしも》のお母《かあ》さんから聞《き》いた話《はなし》をしました。

すると、女《おんな》の人《ひと》の顔色《かおいろ》が、みるみるかわりました。

「そ、それなら、あなたたちはわたしのむすめよ。こんなにりっぱな、かわいいむすめになっていたのね」

川上《かわかみ》の主人《しゅじん》は、とっくになくなっていたので、川上《かわかみ》のお母《かあ》さんは、ひとりでさびしい思《おも》いをしていたのです。

そこで、むすめたちといっしょにくらすことにしました。

川上《かわかみ》のお母《かあ》さんは、いっぺんに五十人《ごじゅうにん》ものかわいいむすめにかこまれて、笑顔《えがお》がたえません。

まずしい川下《かわしも》のお母《かあ》さんの話《はなし》を聞《き》くと、川上《かわかみ》のお母《かあ》さんは、なみだをぬぐいました。

「ほんとうに、よくここまでそだててくれたねえ。川下《かわしも》のお母《かあ》さんのことを、わすれてはいけないよ」

むすめたちは、川上《かわかみ》のお母《かあ》さんのいうことをよくきいて、何《なん》度《ど》も川下《かわしも》へ出《で》かけていきました。病気《びょうき》でねていた川下《かわしも》のお母《かあ》さんは、やさしいむすめたちのおかげで、すっかり元気《げんき》になりま

した。

その後《ご》、五十人《ごじゅうにん》のむすめたちは、二人《ふたり》のお母《かあ》さんがなくなるまで、いっしょうけんめいめんどうを見《み》て、お母《かあ》さんをたいせつにしました。

むすめたちの話《はなし》は、いつしか、あっちの村《むら》、こっちの村《むら》へとつたえられていきました。

そして、女《おんな》の子《こ》が生《う》まれると、いつも元気《げんき》でやさしかった五《ご》十人《じゅうにん》のむすめたちにあやかろうと、たくさんの人形《にんぎょう》をかざり、よもぎとお米《こめ》をそなえて、いのるようになりました。

これが、女《おんな》の子《こ》のおまつり、三月三日《さんがつみっか》のひなまつりのはじまりだ、という話《はなし》です。

四月

おしゃかさまの たんじょう日《び》

むかしむかし、インドのヒマラヤの山《やま》のふもとに、カピラヴァストゥという国《くに》がありました。小《ちい》さな国《くに》でしたが、王《おう》さまはせんそうのきらいな、やさしい人《ひと》でした。

お米《こめ》も、たくさんとれます。国《くに》の人《ひと》たちは、みんなしあわせにくらしていました。

ところが、こまったことがありました。

王《おう》さまのあとつぎになる王子《おうじ》さまが、いないのです。

「早《はや》く、王子《おうじ》さまがお生《う》まれになるといいのになあ」

国《くに》じゅうの人《ひと》たちが、りっぱな王子《おうじ》さまのたんじょうを、何《なん》年《ねん》も何年《なんねん》も、まちのぞんでいました。

ある夜《よる》のことです。

おきさきは、とてもふしぎなゆめを見《み》ました。夜空《よぞら》の遠《とお》いかなたから、大《おお》きな星《ほし》がかがやきながらおりてくるのです。

「まあ、きれいなながれ星《ぼし》」

おきさきは、ゆめの中《なか》で、つぶやきました。

いやいや、星《ほし》ではありません。

それは、きばが六本《ろっぽん》もある、めずらしい白《しろ》いぞうです。

白《しろ》いぞうは、光《ひかり》のようにかがやきながらとんでくると、すうっと、おきさきのおなかの中《なか》

へ入《はい》っていきました。

びっくりして目《め》をさましたおきさきは、このふしぎなゆめの話《はなし》を、王《おう》さまにしました。

王《おう》さまは、すぐにうらない師《し》にたずねました。

「六本《ろっぽん》のきばのある白《しろ》いぞうは、かみさまのおつかいです。来《らい》年《ねん》の春《はる》、王子《おうじ》さまがお生《う》まれになるでしょう」

「なんと。それは、ほんとうか」

すばらしい知《し》らせに、王《おう》さまとおきさきは大《おお》よろこびでした。

やがて、春《はる》がめぐってきました。

野《の》や山《やま》に、みどりが芽《め》ぶいてきました。

いよいよ、王子《おうじ》さまが生《う》まれる日《ひ》が、近《ちか》づいてきたのです。

おきさきは、王子《おうじ》さまを自分《じぶん》の生《う》まれたふるさとのお城《しろ》で、うむことにしていました。

おきさきは、おとものものをつれ、うつくしくかざったぞうののりものにのって、お城《しろ》をあとにしました。

おきさきたちは、とちゅう、ルンビニーのしずかなにわで、休《やす》みました。

にわには赤《あか》い、アショーカの木《き》の花《はな》が、うつくしくさいています。

なんともいえない、いいかおりがして、心《こころ》がなごみます。

おきさきはかおりにさそわれて、にわをさんぽしました。そして花《はな》に顔《かお》をよせようとして、木《き》の小《こ》えだに手《て》をのばしました。

そのときです。

わきの下《した》から小《ちい》さな男《おとこ》の子《こ》が、生《う》まれ出《で》てきたのです。

「りっぱな王子《おうじ》さまが、お生《う》まれになりました」

かみさまがあらわれて、黄金《おうごん》のぬので、王子《おうじ》さまをやさしくつつみました。そして王子《おうじ》さまを、木《き》の下《した》にねかせようとすると、王子《おうじ》さまは生《う》まれたばかりなのに、すくっと立《た》ちあがりました。

そこで、二人《ふたり》のかみさまがあたたかい水《みず》と、つめたい水《みず》をかけて、王子《おうじ》さまの体《からだ》をきよめました。

おとものものたちがおどろいて見《み》ていると、王子《おうじ》さまはあるき出《だ》しました。

王子《おうじ》さまは、東西南北《とうざいなんぼく》に

それぞれ七歩《ななほ》ずつあるきました。

それからふっくらとした右手《みぎて》を、天《てん》にむかってまっすぐゆびさしながら、きよらかな声《こえ》で、いいました。

「天上《てんじょう》　天下《てんげ》、ゆいが　どくそん」（わたしは、すべてのものたちをしあわせにするために、生《う》まれてきた）

そのとき、雲《くも》ひとつない青《あお》い空《そら》から、あまい雨《あめ》がふってきました。

しばらくして雨《あめ》がやむと、王子《おうじ》さまのうしろに、大《おお》きなにじがかかり、たくさんの草《くさ》や木《き》が、いっせいに花《はな》ひらきました。ルンビニーのにわは、この世《よ》とは思《おも》えないうつくしさにかがやきました。

心《こころ》のそこから、よろこびがわきあがってきます。

鳥《とり》やどうぶつたちも、王子《おうじ》さまのたんじょうをいわいに、あつまってきました。おとものものたちもひざまずいて、手《て》を合《あ》わせていました。

ところが、王《おう》さまは、王子《おうじ》さまがりっぱなあとつぎになるかどうか、心配《しんぱい》でした。

すぐに、うらない師《し》をよんで、うらなってもらいました。

「それはごりっぱな王《おう》さまになられます。けれども、お城《しろ》を出《で》て、おぼうさんになられたら、この国《くに》の人《ひと》たちばかりではありません。せかいじゅうの人《ひと》たちをすくう、とうといお方《かた》になるでしょう」

王子《おうじ》さまが、大《おお》きくなって、「お城《しろ》を出《で》て、おぼうさんになる」といったらこまります。

王《おう》さまは、王子《おうじ》さまがお城《しろ》の外《そと》のことにきょうみをもたないようにと、毎日《まいにち》のように楽《たの》しい音楽《おんがく》やおどりを見《み》せながら、王《おう》子《じ》さまをそだてました。

けれども、王子《おうじ》さまは心《こころ》をひらきません。おとなになると、おぼうさんのしゅぎょうをつむため、お城《しろ》を出《で》ていきました。

この王子《おうじ》さまが、おしゃかさまといわれる、とうといお方《かた》です。

四月八日《しがつようか》は、ルンビニーのうつくしいにわでお生《う》まれになったおしゃかさまをおいわいする、『花《はな》まつり』の日《ひ》です。

この日《ひ》は、あちこちのお寺《てら》で、花《はな》でかざった小《ちい》さなお堂《どう》をつくります。

おまいりにきた人《ひと》たちは、お堂《どう》の中《なか》に立《た》つおしゃかさまのぞうに、ひしゃくで甘茶《あまちゃ》をかけます。そして、心《こころ》をきよめ、みんなのしあわせをおいのりするのです。

五月

くわずにょうぼう

むかしむかし、ある村《むら》に、七《しち》べえという、おけやさんがすんでいました。

七《しち》べえさんは朝《あさ》からばんまで、こつこつ、とんとん、おけをつくっていました。

ある夜《よる》のことです。

七《しち》べえさんは、お月《つき》さまにいいました。

「おらも、よめがほしいんじゃ。お月《つき》さんよ、どこかにめしを食《く》わぬ、はたらきもののよめごは、おらんかのう」

七べえさんは、たいへんなけちんぼうでした。

すると、つぎの日《ひ》、七《しち》べえさんの家《いえ》へ、かわいいむすめがやってきました。

「ごはんを食《た》べないよめごがほしいというおけやさんは、ここですね。わたしは、ごはんを食《た》べずに、よくはたらきます。どうか、あなたのよめごにしてください」

そういって、むすめは七《しち》べえさんのよめさんになりました。

よめさんは、ほんとうによくはたらきます。

おもいいたをかついで、ひょこひょこはこんでくれます。それなのに、食事《しょくじ》のときは、ちっともごはんを食《た》べません。

七《しち》べえさんはちゃわんに山《やま》もりのごはんを食《た》べるのに、よめさんはだまって、おちゃをすすっているだけです。

七《しち》べえさんは、大《おお》だすかりの大《おお》よろこびでしたが、どういうわけか、お米《こめ》がどんどんへっていくのです。

七《しち》べえさんはふしぎに思《おも》って、ある日《ひ》、天井《てんじょう》うらにのぼって、そっと、ようすを見《み》ることにしました。

するとよめさんは、

「ああ、はらへった、はらへった」

と、米《こめ》びつからお米《こめ》を出《だ》して、大《おお》きなかまでたき、大《おお》きななべで、みそしるをつくりはじめたのです。
やがて、ごはんがたきあがると、よめさんは、
ほっくら　ほかほか　めし　たけた
一《ひい》、二《ふう》、三《みい》、四《よう》、五《いつ》、六《むう》、七《なな》、
まだまだ　たりぬ　まだ　たりぬ
十《じゅう》や　二十《にじゅう》じゃ　まだ　たりぬ……。
と、うれしそうに歌《うた》いながら、大《おお》きなにぎりめしを、五十《ごじっ》こほどつくりました。そして、頭《あたま》に手《て》をやって、長《なが》いかみの毛《け》を、さっと分《わ》けました。
な、なんと、頭《あたま》の上《うえ》にもう一《ひと》つ、口《くち》があるではありませんか。
一《ひい》、二《ふう》、三《みい》、四《よう》、五《いつ》、六《むう》、七《なな》、
食《た》べろや　食《た》べろ　ぱくぱく　食《た》べろ

はらが　へっては　はたらけぬ……。

よめさんは歌《うた》いながら、二《ふた》つの口《くち》にどんどんにぎりめしをなげこんでは、ひしゃくでみそしるをすくって、がぶがぶのみました。

七《しち》べえさんはびっくりして、ぐびびっと、つばをのみこみました。

「あれは、山《やま》んばだ。あんなよめがおっては、わしまで食《く》われてしまう。早《はや》く、おい出《だ》

してしまおう――」

七《しち》べえさんは、天井《てんじょう》うらからそっとおりると、何食《なにく》わぬ顔《かお》をして、家《いえ》に入《はい》っていきました。

「わしは、考《かんが》えたんだが、やっぱりよめはいらん。なんでもほしいものをやるから、この家《いえ》から出《で》ていってくれろ」

「そんなら、あそこにある大《おお》きなおけを一《ひと》つくれろ」

「こんなおけ、どうするんだな」

七《しち》べえさんがたずねると、よめさんは目《め》をつりあげて、みるみる山《やま》んばのすがたになりました。

「へへへへ。おまえをここに入《い》れてって、みんなで食《く》うんだよ」

山《やま》んばにすがたをかえたよめさんは、びっくりしている七《しち》べえさんをおけの中《なか》にほうりこむと、そのおけを、ひょいと頭《あたま》の上《うえ》にのせて、すたすた山《やま》にむかってあるき出《だ》しました。

「な、な、何《なに》をする。たすけて、たすけてくれ――」

七《しち》べえさんは、ふかいおけの中《なか》で、さわいでいました。

山道《やまみち》にさしかかると、木《き》のえだがおけの中《なか》に、たれ下《さ》がってきました。

七《しち》べえさんは、それにとびついて、にげ出《だ》しました。

「まてえー。七《しち》べえ、まてえー。にがさぬぞ――」

山《やま》んばは、おけをほうり出《だ》して、おいかけてきます。

七《しち》べえさんはにげてにげて、やっと谷川《たにがわ》のほとりにある、しょうぶのしげみの中《なか》に、かくれました。

「どこへいった。七《しち》べえは、どこへかくれた……」

あとをおってきた山《やま》んばは、しょうぶのしげみをかき分《わ》けながら、七《しち》べえさんをさがしました。

すると、七《しち》べえさんのおしりが見《み》えました。

こわいので、おしりまで、ぶるぶるふるえています。

山《やま》んばは、にやりとわらって、七《しち》べえさんをつかまえようとしました。

そのときです。

しょうぶのとがった葉《は》っぱの先《さき》が、ぱちんとはねて、山《やま》んばの両目《りょうめ》につきささりました。

「ぎゃあー。いたたたた……」

山《やま》んばはさけび声《ごえ》をあげて、目《め》をおさえましたが、ゆびの

あいだから血《ち》がながれてきました。

「見《み》えない。見《み》えない。なんにも、なんにも見《み》えない……」

山《やま》んばは、ふらふらと山《やま》おくへ帰《かえ》っていこうとしましたが、足《あし》をすべらせて、川《かわ》へおちてしまいました。

たすかった七《しち》べえさんは、川《かわ》をながれていく山《やま》んばを見《み》つめながら、ほっとむねをなでおろしました。

この日《ひ》が、ちょうど五月《ごがつ》の五日《いつか》でした。

そこで、毎年《まいとし》この日《ひ》には、七《しち》べえさんのように、こわい山《やま》んばにおそわれないように、どこの家《いえ》でも、水辺《みずべ》にはえているとがったしょうぶの長《なが》い葉《は》をとってくるようになりました。

そして、やねに立《た》てたり、おふろにうかべて入《はい》るようになった、という話《はなし》です。

六月

どろだらけのじぞうさん

むかしむかしの話《はなし》です。

六月《ろくがつ》は田《た》うえのきせつ。どこの村《むら》でも、おひゃくしょうたちは大《おお》いそがし。えんがわでのんびりひるねをしているねこにも、

「おまえも田《た》んぼへきて、田《た》うえをてつだえや」

と、いいたくなるほどです。

ある年《とし》のこと、村《むら》で田《た》うえをはじめようとすると、わるい病《びょう》気《き》がはやり出《だ》しました。

「ごへいの家《いえ》でも、もさくの家《いえ》でも、みんなねつを出《だ》してねておる。こまったのう」

「おれたちだけで、村《むら》のみんなの家《いえ》の田《た》うえは、とてもできん。弱《よわ》ったのう……」

元気《げんき》なおひゃくしょうたちは、考《かんが》えこんでしまいました。

はたらきもののおうめばあさんも、高《たか》いねつを出《だ》してねてい

ました。

おうめばあさんは、ひとりぐらしです。

なんでも自分《じぶん》でやらなければなりません。

「あしたになれば、元気《げんき》になるさ。用意《ようい》はしとかんとな」

おうめばあさんは、夕方《ゆうがた》になると、ふとんからおきあがって、田《た》うえのしたくをはじめました。

体《からだ》はふらふらしています。やっとしたくをおえると、つかれが出《で》て、おうめばあさんはたおれてしまいました。

ちょうどそこへ、見知《みし》らぬおぼうさんが通《とお》りがかりました。

「そんな体《からだ》で、田《た》うえはむりじゃ。ねてなされ」

「なあに、わたしはもうなおりました。田《た》うえをせにゃ、ごはんが食《た》べられなくなりますがな」

「田《た》うえは、わしがする。さあ、ゆっくり休《やす》むんじゃ」

おぼうさんは、おうめばあさんをふとんにねかせながらそういうと、家《いえ》から出《で》ていきました。

その夜《よる》のことです。

犬《いぬ》のシロが、はげしくほえました。

「はて、なんだろう？」

おうめばあさんが、ふとんからおきあがると、

「田《た》うえのてつだいにきた。ここにあるなえを、もっていくからのう――」

外《そと》から、大《おお》きな声《こえ》が聞《き》こえました。

戸《と》をあけてのぞくと、夕方《ゆうがた》、家《いえ》の前《まえ》で出会《であ》ったおぼうさんが、つれてきた馬《うま》のせなかに、いねのなえをつんでいました。

「こんな夜《よ》ふけに、田《た》うえができるかねえ」

おうめばあさんが、わらいながらいうと、

「なあに、お月《つき》さまが光《ひか》っておる。心配《しんぱい》はいらん」

おぼうさんは、なえをつんだ馬《うま》を田《た》んぼへ引《ひ》いていきました。

それを見《み》おくると、おうめばあさんはすぐにかまどで、ごはんをたき出《だ》しました。

夜《よる》でも、十二時《じゅうにじ》になれば、やっぱりおなかがすくでしょう。

ごはんがたきあがると、

「太《ふと》ったお方《かた》じゃ。三《みっ》つくらい食《た》べるかな。いや、いや、もっと食《た》べるかもしれんぞ……」

おうめばあさんは、大《おお》きなおむすびを、せっせとつくりました。
夜中《よなか》の十二時《じゅうにじ》になると、おうめばあさんはそのおむすびをもって、家《いえ》を出《で》ました。
犬《いぬ》のシロも、おかずの入《はい》ったたつつみをくわえて、あとからついていきました。
田《た》んぼに　うえる　この　なえに
とうとい　黄金《こがね》の　花《はな》がさく
田《た》んぼのほうから、田《た》うえ歌《うた》が聞《き》こえていました。
「つかれたべえー。はら、すいたべえー。おぼうさま、休《やす》んでくだされやー」
ところが、田《た》んぼにつくと……、
ひとりやふたりでは、ありません。十人《じゅうにん》、二十人《にじゅうにん》でもありません。

なん百人《びゃくにん》もの同《おな》じ顔《かお》をしたおぼうさんが、田《た》うえ歌《うた》を歌《うた》いながら、田《た》うえをしていました。

びっくりしたおうめばあさんは、大《おお》きな声《こえ》をあげて、目《め》をさましました。

まぶしい朝《あさ》の光《ひかり》が、家《いえ》の中《なか》にさしこんでいます。

「なんじゃ、ゆめかい。ねつにうなされて、おかしなゆめを見《み》た。田《た》うえのゆめは、わるいゆめじゃ。むかしから、いねがそ

だたぬというぞ」

おうめばあさんはいやな顔《かお》をして、つぶやきました。

すると、家《いえ》の外《そと》で、おひゃくしょうたちの声《こえ》が聞《き》こえました。

外《そと》へ出《で》てみると、村《むら》じゅうの田《た》んぼに、青《あお》いいねのなえがうわっているというのです。

「まったくふしぎなことじゃ。たった一《ひと》ばんで、ぜんぶ田《た》うえがおわっておるぞ」

「いったい、だれがうえてくれたんだろう」

おひゃくしょうたちは、ふしぎに思《おも》いながら、田《た》んぼを見《み》つめていました。

「そういえば、きのうの夕方《ゆうがた》のことじゃ……」

おうめばあさんは、見知《みし》らぬおぼうさんと、自分《じぶん》が見《み》たおかしなゆめの話《はなし》をしはじめました。

そのとき、子《こ》どもたちがさわぎ出《だ》しました。

「ほら、ここにもある。こっちだ、こっちだ」

子《こ》どもたちは、田《た》んぼのあぜ道《みち》についている、どろだらけの足《あし》あとを見《み》つけて、たどっていきました。

「どこまでつづいておるんだろう」

おとなたちも、いっしょについていきました。

足《あし》あとは、村《むら》はずれの、こわれかけたおじぞうさんのお堂《どう》まで、つづいていました。

「気味《きみ》がわるいのう。中《なか》にだれかおるかもしれんぞ」

「どろぼうが、ねておるかもしれんぞ」

子《こ》どもたちがこわごわお堂《どう》の戸《と》をあけると、お堂《どう》の中《なか》にはだれもいません。おじぞうさんが、いるだけです。

ところが、おじぞうさんはどろだらけ。顔《かお》までどろをつけて、にこにこわらっていました。

かべにかざってある絵馬《えま》にも、どろがついていています。

「そうか。この馬《うま》をつれて、おじぞうさんが田《た》うえをしてくださったんじゃ」

「おじぞうさんが、わしらをたすけてくださったんじゃ」

「ありがたいことじゃ。ありがたいことじゃ」

おひゃくしょうたちは、おじぞうさんに手《て》を合《あ》わせました。

それからというもの、おひゃくしょうたちは、田《た》うえがはじまる前《まえ》に、かならず村《むら》じゅうで、おじぞうさんのおまつりをして、田《た》うえがぶじにすむよう、おいのりするようになった、という話《はなし》です。

七月

天人《てんにん》にょうぼう

むかしむかし、ある山《やま》おくに、水《みず》のすんだ、うつくしい池《いけ》がありました。

天気《てんき》のよいある日《ひ》の朝《あさ》のこと、ひとりの天女《てんにょ》が、にじ色《いろ》にかがやくはごろもをひるがえしながら、天《てん》からおりてきました。

天女《てんにょ》は、きていたきものを、池《いけ》のそばの松《まつ》の木《き》のえだにかけて、楽《たの》しそうに水《みず》あびをしていました。

そこへ、山《やま》しごとにいく、わかい木《き》こりが通《とお》りがかりました。

木《き》こりは、松《まつ》の木《き》のえだにかけてあるはごろもを見《み》て、心《こころ》をうばわれました。

「なんという、きれいなきものだろう。こんなすてきなきもの、今《いま》まで見《み》たことがない」

にじ色《いろ》のはごろもは、手《て》にもっても、少《すこ》しもおもくありません。

わかい木《き》こりは、はごろもをふところに入《い》れて、しごとにむかいました。

夕方《ゆうがた》、木《き》こりがもどってくると、池《いけ》のほとりの木《き》の下《した》で、むすめがないていました。

わけをたずねると、

「この木《き》のえだにかけておいた、だいじなはごろもがなくな

ってしまったのです。わたしは、天女《てんにょ》です。はごろもがないと、天《てん》の国《くに》へ帰《かえ》ることができません」

と、いうのでした。

わかい木《き》こりは、どきっとしました。けれども、ふところのはごろものことはないしょにして、いいました。

「風《かぜ》で、どこかへとばされたのでしょう。あしたになれば、見《み》つかりますよ。今夜《こんや》は、うちへとまっていきなさい」

わかい木《き》こりは、うつくしい天女《てんにょ》をすきになってしまったのです。そして、天女《てんにょ》を家《いえ》へつれていくと、はごろもを天井《てんじょう》うらへかくしてしまいました。

つぎの日《ひ》、木《き》こりは天女《てんにょ》と池《いけ》のほとりへいって、はごろもをさがしましたが、見《み》つかるわけはありません。

「秋《あき》になれば、このあたりの草《くさ》がみんなかれます。そしたら、見《み》つかるでしょう。それまで、うちにいるといい」

天女《てんにょ》は、木《き》こりのいうとおりにしました。

食事《しょくじ》をつくったり、そうじをしたりするうちに、天女《てんにょ》も木《き》こりのことがすきになりました。

天女《てんにょ》は、木《き》こりのおよめさんになりました。

やがて、二人《ふたり》の子《こ》どもが生《う》まれました。

ある日《ひ》のことです。

木《き》こりのるすに、天女《てんにょ》のおよめさんが子《こ》どもたちにひるねをさせていると、天井《てんじょう》うらで、光《ひか》るものが見《み》えました。

「おや、あれは何《なに》かしら？」

天井《てんじょう》うらをのぞいてみると、なんと三年前《さんねんまえ》になくしたはごろもです。

「このはごろもさえあれば、空《そら》をとべる。さあ、お母《かあ》さんといっしょに、天《てん》の国《くに》へいきましょう」

天女《てんにょ》は、はごろもをきると、二人《ふたり》の子《こ》どもをだきかかえながら、空《そら》へのぼっていきました。

木《き》こりが家《いえ》にもどってくると、手紙《てがみ》がおいてありました。

『わたしは、子《こ》どもをつれて、天《てん》の国《くに》へ帰《かえ》ります。わたしたちに会《あ》いたかったら、あなたのいちばんだいじなものをにわにうめて、その上《うえ》に、夕顔《ゆうがお》のたねをまきなさい』

木《き》こりはにわへとび出《だ》すと、むちゅうであなをほりました。そしてたいせつなおのを入《い》れて、夕顔《ゆうがお》のたねをまきました。

夕顔《ゆうがお》はずんずんのびて、たった一《ひと》ばんで、天《てん》までとどいていました。

「そうか。これにのぼってこいというのだな」

木《き》こりは、およめさんや子《こ》どもたちに会《あ》いたくて、いっしょうけんめい夕顔《ゆうがお》の木《き》に、のぼっていきました。

ところが、あとひといきというところで、夕顔《ゆうがお》のつるが天《てん》にとどきません。

「ほれ、のびろ。のびろ。もう少《すこ》しだ」

木《き》こりは手《て》をのばしましたが、どうしても雲《くも》に手《て》がとどきません。

そのとき、雲《くも》の中《なか》から、す

るすると赤《あか》いひもがおりてきました。

「これにおつかまりなさい」

天女《てんにょ》のおよめさんが、おっていたぬので、木《き》こりを引《ひ》きあげてくれました。

「親子四人《おやこよにん》、なかよく、ずっとここでくらしましょう」

天《てん》の国《くに》で、はたをおっているおよめさんがいいました。

木《き》こりも、天《てん》の国《くに》が、すきになりました。

けれども、天女《てんにょ》のお父《とう》さんは、むすめをだました木《き》こりを、ゆるしてくれません。

木《き》こりは家《いえ》にも入《い》れてもらえず、天《てん》の国《くに》のうりばたけの番人《ばんにん》をさせられました。

ある日《ひ》のことです。

のどがかわくので、木《き》こりは大《おお》きなうりを食《た》べようとしました。

「あら、あら、だめですよ。天《てん》の国《くに》のうりは、食《た》べてはいけません」

ちょうどお昼《ひる》をもってきたおよめさんが、大声《おおごえ》で止《と》めましたが、木《き》こりはもう、うりを二《ふた》つにわっていたのです。

「こ、こ、これはなんじゃ。どうしたんじゃー」

うりの中《なか》からあふれ出《だ》した水《みず》は、止《と》まりません。大《だい》こうずいの川《かわ》となって、木《き》こりをおしながしました。

「あなたー、あなたー。七日《なのか》、七日《なのか》に、会《あ》いにきてくださいよ。まっていますよ――」

天女《てんにょ》のおよめさんがさけぶと、

「わかった、わかった。七月七日《しちがつなのか》には、毎年会《まいとしあ》いにいく。みんな元気《げんき》でな――」

木《き》こりは聞《き》きちがいをしたばかりに、天女《てんにょ》や子《こ》どもたちと、一年《いちねん》に一回《いっかい》、七月七日《しちがつなのか》しか会《あ》うことができなくなってしまいました。

うりばたけのうりからあふれた水《みず》は、今《いま》も天《あま》の川《がわ》となって、きらきらかがやきながら、天《てん》の国《くに》にながれています。

七月七日《しちがつなのか》の夜《よる》、空《そら》がよく晴《は》れると、天《あま》の川《がわ》に、天《てん》の鳥《とり》たちのつくる、うつくしい橋《はし》がかかります。

そして、まちにまった木《き》こりが、その橋《はし》をわたって、天女《てんにょ》や子《こ》どもたちに会《あ》いにいくのが見《み》える、という話《はなし》です。

八月

じごくへいった三人《さんにん》

すけ　すけ　すってん　てん
すけ　すけ　すっとん　とん
むかしむかし、にぎやかな夏《なつ》まつりで、かるわざ師《し》が曲芸《きょくげい》をしていました。

「つぎは、さか立《だ》ちのつなわたりとござーい。うまくいったら、はくしゅごかっさーい」

二本《にほん》の高《たか》いはしごのあいだにわたしたつなの上《うえ》で、かるわざ師《し》がくるりとちゅうがえり。

さか立《だ》ちをして、かた手《て》をはなしました。

「みごと、みごと。日本一《にっぽんいち》！」

たくさんの見物人《けんぶつにん》たちが声《こえ》をあげた、そのときです。

かるわざ師《し》が手《て》をすべらせて、おしくらまんじゅうの見物人《けんぶつにん》たちの上《うえ》へ、まっさかさまにおちていきました。

「たいへんだ、たいへんだ。けがはないか!?」

けがどころのさわぎでは、ありません。

かるわざ師《し》は、山《やま》ぶしと医者《いしゃ》のちくあんさんの頭《あたま》の上《うえ》におちて、三人《さんにん》ともいっしょに死《し》んでしまったのです。

「おらのしっぱいで、とんだことをしました」

かるわざ師《し》が、いいました。

「今《いま》さらあやまられても、どうにもならぬ。わしらは死《し》んでしまったんだから」

と、山《やま》ぶしがいいました。

「それでは、ぼちぼちいきますか。さびしい道《みち》でござるな」

医者《いしゃ》のちくあんさんのことばに、山《やま》ぶしが答《こた》えました。

「じごくへいく道《みち》です。楽《たの》しいわけがないでしょう」

山《やま》をこえると、川《かわ》がありました。この世《よ》とあの世《よ》のさかいを

ながれる「三途《さんず》の川《かわ》」です。
「ほおう。めずらしい。三人《さんにん》いっしょとは、めずらしい。さあ、舟《ふね》を出《だ》すぞ」
オニのこぐ舟《ふね》にのって、三途《さんず》の川《かわ》をわたると、りっぱな門《もん》がありました。
「あれがじごくの門《もん》じゃ。えんま大王《だいおう》さまがまってお
られる。さあ、早《はや》くいけ」
三人《さんにん》はオニにいわれて、じごくの門《もん》をくぐっていきました。

えんま大王《だいおう》は、ひげだらけのすごい顔《かお》です。なんでもうつし出《だ》せるという大《おお》きなかがみの前《まえ》に、どかっとすわっていました。

「おまえたちは、生《い》きておるとき、何《なに》かいいことをしたか？　したなら、すぐごくらくへいけるが、わるいことをしたなら、しばらくこのじごくにのこるのじゃ。一人《ひとり》ずつ、いってみろ」

大《おお》きな目玉《めだま》で、三人《さんにん》をにらみました。

「わたしは、病人《びょうにん》をたくさんなおしました」

「わしは、おまじないやうらないで、こまっている人《ひと》たちを、ずいぶんすくいました」

「おらは、手品《てじな》やかるわざで、みんなを楽《たの》しませてやりましただ」

「よし、よし、わかった。うそをついておるかどうか、すぐわかる」

えんま大王《だいおう》は、大《おお》きなかがみに、生《い》きているときの三人《さんにん》を、うつし出《だ》しました。

医者《いしゃ》のちくあんさんは、ききめのないくすりを売《う》って、大《おお》もうけをしています。

山《やま》ぶしは、でたらめうらないで、やっぱり大《おお》もうけ。かるわざ師《し》は、いんちき手品《てじな》で、子《こ》どものおこづかいをまきあげています。

「おまえたちは、うそつきじゃ。しばらくかまゆでじゃー」

ところが――、

ばんり　ばらばら

ばらりこ　ばらりん……

山《やま》ぶしがじゅもんをとなえながら、かまに入《はい》ると、あついおゆがぬるくなりました。

「いいゆでござる。先生《せんせい》たち、さあ、入《はい》りなされ」

「じごくへきて、こんないいゆに入《はい》れるとは、ありがたいことですな」

ちくあんさんたちは、大《おお》よろこびです。

番人《ばんにん》のオニは、びっくりして、えんま大王《だいおう》のところへ走《はし》っていきました。

えんま大王《だいおう》はおこって、三《さん》人《にん》に、はりの山《やま》をのぼらせることにしました。

おそろしい山《やま》です。見《み》るだけで、体《からだ》じゅうがちくちくいたくなります。

すると、今度《こんど》はかるわざ師《し》がいいました。

「山《やま》のてっぺんとここに、ちょうどいい木《き》がある。こんな山《やま》、なんでもないわ」

そういうと、長《なが》いつなを見《み》つけてきて輪《わ》をつくりました。そして、つなをびゅんびゅんふりまわし、はりの山《やま》のてっぺんの木《き》に引《ひ》っかけると、かたわらの木《き》につなぎました。

「さあ、お二人《ふたり》。おらのかたにのりなせい。つなわたりで、はりの山《やま》をこえましょう」

「と、とんでもない。あんたがつなわたりでしくじったから、わたしらは死《し》んだんだよ。つなわたりは、こりごりじゃ」

医者《いしゃ》のちくあんさんは、いやな顔《かお》をしました。

「あのさか立《だ》ちわたりは、いちばんむずかしいんです。ふつうのつなわたりなら、目《め》をつぶってもできますわ」

かるわざ師《し》は、ちくあんさんと山《やま》ぶしをかたにのせると、ひょいひょいひょいと、はりの山《やま》をこえてしまいました。

えんま大王《だいおう》は、かんかんです。

「うーぬ。もうゆるせぬ。じごくは生《い》きておるとき、わるいことをしたものをこらしめるところじゃ。あいつらはじごくでもわるさをしておる。三人《さんにん》を大食《おおぐ》い山《やま》んばに食《く》わしてしまえ！」

じごくの大食《おおぐ》い山《やま》んばは、あるけないほど、ぶくぶく太《ふと》っていました。

「はらぺこで死《し》にそうだったんだ。えんまさん、ありがとさん」

大食《おおぐ》い山《やま》んばは、うれしそうに三人《さんにん》をつまみあげて、すぐにのみこんでしまいました。

「いよいよ、おらたちもおわりですかな。外《そと》が見《み》えるのは、この小《ちい》さなあなだけですな」

大食《おおぐ》い山《やま》んばのおなかの中《なか》で、かるわざ師《し》がおへそのあなをのぞくと、ちくあんさんが、にやりとわらいました。

「目《め》の前《まえ》にあるのが、わらいぶくろじゃ。なでると、くすぐったくて、わらい出《だ》す。そっちにたれ下《さ》がっておるのは、いたみのすじじゃ」

「ほほう、おもしろい。これをちょっと、なでてみますぜ」

「くすぐったい、くすぐったい。へへへへへ、ほほほほ、ははははは……」

大食《おおぐ》い山《やま》んばは、わらいながら、ころげまわりました。

「それでは、わたしはこのすじを引《ひ》っぱってみるぞ」

医者《いしゃ》のちくあんさんが、太《ふと》いすじを思《おも》いきり引《ひ》っぱると――、

「く、く、くるしい。くるしい。は、は、はくしょん！」

大食《おおぐ》い山《やま》んばが、大《おお》きなくしゃみをしたので、三人《さんにん》は、おなかの中《なか》からとび出《だ》してきました。

「けしからん。けしからん。おまえたちみたいなものは、はじめてじゃ。もう用《よう》はない。とっとと生《い》きかえれ！」

えんま大王《だいおう》はふるえるほどおこって、三《さん》人《にん》をじごくからおい出《だ》してしまいました。

「あっ、生《い》きかえった。生《い》きかえったぞ！」

死《し》んでいた三人《さんにん》は、水《みず》をかけられて、つぎつぎと目《め》をひらきました。

生《い》きかえったちくあんさんたちは、まわりの人《ひと》たちに、じごくの話《はなし》をしました。

「じごくには、にえゆのかまだとか、はりの山《やま》だとか、おそろしいところがたくさんある。わるいことをすると、死《し》んでからくるしめられる。ごくらくへいくのは、たいへんなことじゃ」

たくさんの見物人《けんぶつにん》たちは、三人《さんにん》の話《はなし》を、ねっしんに聞《き》いていました。

それにしても、あの世《よ》へいった人《ひと》たちはどうしているのでしょう。もしかしたら、生《い》きている人《ひと》たちと会《あ》いたがっているかもしれません。

そこで一年《いちねん》に一回《いっかい》、この世《よ》によびよせて、なつかしい人《ひと》たちと楽《たの》しくすごしてもらうのが、夏《なつ》のおぼんのはじまりだ、という話《はなし》です。

九月

月《つき》へいったうさぎ

むかしむかし、森《もり》の中《なか》で、うさぎときつねとさるが、いっしょにくらしていました。

ある秋《あき》の日《ひ》のことです。

「今度生《こんどう》まれかわるときは、人間《にんげん》になりたいね」

たき火《び》にあたりながら話《はなし》をしていると、友《とも》だちのかわうそがやってきました。

「ぼくもなりたいね。それには、人間《にんげん》にたくさんいいことをすれば、いいんだって」

どこで聞《き》いたのか、かわうそがいいました。

それから二《に》、三日《さんにち》たった日《ひ》のことです。

川《かわ》の近《ちか》くで、うさぎがたおれている旅人《たびびと》を見《み》つけました。

「たいへんだよ。人間《にんげん》がたおれているぞー」

うさぎは、みんなに知《し》らせに走《はし》りました。

今度生《こんどう》まれかわるとき、人間《にんげん》になりたいといっていたどうぶつたちは、いそいで旅人《たびびと》をたすけにいきました。

旅人《たびびと》は、やせたおじいさんでした。きているものはぼろぼろで、木《き》のえだのつえしかもっていません。

高《たか》いねつで、うわごとをいっています。

どうぶつたちはおじいさんを、そっと自分《じぶん》たちのすみかへつれていきました。そして、新《あたら》しいかれ草《くさ》をしいて、病気《びょうき》のおじいさんをねかせました。

さるは、あまい木《き》の実《み》のくすりを、おじいさんにのませました。

きつねは、にがい草《くさ》のくすりを、おじいさんにのませました。

おじいさんは、少《すこ》しずつ元気《げんき》になって、やっと笑顔《えがお》をうかべました。

「すまないのう。おまえたちに世話《せわ》になって……」

するとさるがいいました。

「ずっと、ずっと、ここにいてください。ぼくたち、かわりばんこに、おいしいものをごちそうしますから」

さるは、森《もり》のおくへ走《はし》っていきました。

秋《あき》の森《もり》には、たくさんの木《き》の実《み》や、いろいろなくだものがなっています。

さるは、こっちの木《き》からあっちの木《き》へとびうつりながら、かかえきれないほどの木《き》の実《み》やくだものを、とってきました。

「これは、すごいごちそうじゃ。わしひとりでは、とても食《た》べきれぬ。さあ、みんなで食《た》べよう」

たき火《び》をかこんで、楽《たの》しい食事《しょくじ》がはじまりました。

つぎの日《ひ》、今度《こんど》はきつねが出《で》かけていきました。

きつねは、遠《とお》くの人間《にんげん》のすむ村《むら》へいきました。そして、はたけのすみから、やさいやお米《こめ》を少《すこ》しずつもらって、帰《かえ》ってきました。

三日《みっか》めには、かわうそが、川《かわ》からたくさんの魚《さかな》をとってきました。

毎日毎日《まいにちまいにち》、たいへんなごちそうです。

つぎの日《ひ》は、うさぎがごちそうをする番《ばん》です。

うさぎは、森《もり》のおくへ出《で》かけていきました。

秋《あき》のうつくしい花《はな》が、たくさんさいています。

とてもいいにおいです。けれども、いくらきれいで、いいにおいがしても、花《はな》ではおいしいごちそうにはなりません。

うさぎは、とほうにくれてしまいました。

うさぎは夕方《ゆうがた》になって、もどってきました。

「なんだい。なんにももってこないのかい。朝《あさ》からずっと、おなかをすかせてまっていたのに――」

みんなにいわれて、うさぎはまた森《もり》のおくへ、出《で》かけていきました。そして今度《こんど》は、たくさんたき木《ぎ》をせおって、帰《かえ》ってきました。

「そんなもの、どうするのさ」

三《さん》びきのなかまたちが見《み》ていると、うさぎは、せおってきたたき木《ぎ》を、たき火《び》の中《なか》へつみあげました。

ちょろちょろもえていた火《ひ》は、ぱちぱち大《おお》きな音《おと》を立《た》てて、はげしくもえあがりました。

するとうさぎは、だまってもえる火《ひ》を見《み》つめているおじいさんに、いいました。

「ぼくは、何《なに》もごちそうすることができません。ですから、ぼくの、ぼくの肉《にく》を、おなかいっぱい食《た》べてくださいーー」

おじいさんは、びっくりしました。

「何《なに》をする。まちなさいーー」

あわてて止《と》めようとしましたが、うさぎはとびはねて、はげしくもえる火《ひ》の中《なか》へ、とびこんでいきました。

さるもきつねもかわうそも、どうすることもできません。

「おじいさん。おじいさん……」

たき火《び》の前《まえ》から立《た》ちあがった、

いました。
おじいさんの足《あし》にすがりついて、さるたちはおろおろふるえて
ところがおじいさんは、いつのまにか、とういおしゃかさ
まのすがたにかわっていたのです。
おしゃかさまは、自分《じぶん》のためにいのちをすてたうさぎに、強《つよ》
く心《こころ》をうたれて、手《て》を合《あ》わせました。
たき火《び》の火《ひ》は、ますますはげしくもえあがりました。
そのときです。
小《ちい》さなほのおが光《ひかり》のようにかがやいて、たくさんのうさぎの
ほのおになりました。
小《ちい》さなうさぎのほのおたちは、楽《たの》しそうに、かなしそうに、
おどりながら、火《ひ》の中《なか》をとびはねていました。
小《ちい》さなうさぎのほのおたちは、やがて一《ひと》つの大《おお》きな光《ひかり》のうさ

ぎになりました。そして、夜空《よぞら》をかけのぼりながら、まん丸《まる》のお月《つき》さまの中《なか》へきえていきました。

おしゃかさまは、死《し》んだうさぎを、お月《つき》さまにすまわせることにしたのです。

そのうさぎのすがたがいちばんよく見《み》えるのは、秋《あき》のうつくしい満月《まんげつ》の十《じゅう》五夜《ごや》の夜《よる》だ、という話《はなし》です。

十月
いのこのまつり

むかしむかし、ある村《むら》に、さくべえという年《とし》をとったおひゃくしょうがいました。

ある年《とし》の秋《あき》のことです。さくべえさんは、おくさんとはたけに出《で》て、すくすくそだっただいこんの手入《てい》れをしていました。

「おーい。少《すこ》し休《やす》むかな」

いっしょうけんめい土《つち》もりをしていたさくべえさんが、こしをのばしながらいいました。

二人《ふたり》には、三人《さんにん》のむすめがいましたが、はたらきものの男《おとこ》の子《こ》がいないので、はたけの世話《せわ》もたいへんです。

さくべえさんとおくさんが休《やす》んでいると、やぶの中《なか》から、大《おお》きないのししが出《で》てきました。

いつも、村《むら》のはたけをあらす、わるものです。

「こいつ、また出《で》てきよったな！」

さくべえさんは、すばやくすきを手《て》にして立《た》ちあがりました。

けれども、いのししはにげません。

「きょうは、はたけをあらしにきたのではない」

と、いうのでした。

「年《とし》をとった二人《ふたり》で、こんな広《ひろ》いはたけの手入《てい》れをするのはたいへんだと思《おも》ってな、てつだいにきたんだ。ちゃんと手入《てい》れをしたら、むすめをひとり、よめにくれぬか」

いのししがだいこんの土《つち》もりなど、できるわけがありません。さくべえさんはおくさんと顔《かお》を見合《みあ》わせると、わらいながらいいました。

「おまえがぜんぶ土《つち》もりをしてくれたらな。できなかったら、もうはたけをあらさないとやくそくするか？」

すると、いのししはきばをむいて、にむむとわらいました。

「やくそくする。その
かわり、うそをついた
ら、おまえたちを食《く》い
ころしてしまうぞ」
いのししはそういう
と、二人《ふたり》の見《み》ている前《まえ》
で、大《おお》きなするどいき
ばを土《つち》につきさして、
ずずずずっと走《はし》り出《だ》し
ました。
そして、土《つち》をほりお
こし、またたくまに広《ひろ》
いだいこんばたけの土《つち》

もりを、おえてしまいました。

「さあ、はたけの土《つち》もりはおわったぞ。むすめをよめにくれるな？」

目《め》の前《まえ》で、三日《みっか》も四日《よっか》もかかる、はたけの手入《てい》れがすんでしまったのです。

さくべえさんとおくさんは、びっくりしました。そして三日《みっか》後《ご》の朝《あさ》に、むすめをよめにやることにして、とぼとぼ家《いえ》へ帰《かえ》っていくと、どっかと、いろりの前《まえ》にすわりこんでしまいました。

「さっきから、いろりの前《まえ》にすわったきり。二人《ふたり》ともどうしたの？　なんだかおかしいわ」

となりのへやで、ぬいものをしていた、いちばん上《うえ》のむすめが心配《しんぱい》そうにいうので、さくべえさんは、いのししの話《はなし》をしました。

いちばん上《うえ》のむすめは、

「わたしはこの家《いえ》にのこって、いつまでもお父《とう》さんとお母《かあ》さんのめんどうを見《み》なければならないから、よめにはいけないわ」

と、いうのでした。

　そこへ、町《まち》へ買《か》いものにいっていた二番《にばん》めのむすめが、帰《かえ》ってきました。三人《さんにん》がしょんぼりしているので、

「三人《さんにん》とも、なんだか、とってもおかしいわ。どうし

たの？」

と、二番《にばん》めのむすめがたずねました。

さくべえさんが、いのししの話《はなし》をすると、二番《にばん》めのむすめは、

「わたしは、よしべえさんと、めおとになることにきめているのよ。いのししのおよめさんになるくらいなら、死《し》んだほうがいい」

と、なきながらいいました。

いろりをかこんで四人《よにん》がしょんぼりしていると、川《かわ》へせんたくにいっていた、元気《げんき》な三番《さんばん》めのむすめが、帰《かえ》ってきました。

「なんだか、とってもとってもおかしいわ。四人《よにん》とも、いったい何《なに》があったの？」

すると、いちばん上《うえ》のねえさんが、いのししの話《はなし》をしました。

三番《さんばん》めのむすめは、しばらくだまっていましたが、

「それなら、わたしがおよめにいきます」

と、明《あか》るい声《こえ》でいいました。

やがて、やくそくの日《ひ》がきました。

いのししは、夜明《よあ》け前《まえ》から家《いえ》の前《まえ》にきて、まっていました。

「心配《しんぱい》しないで。すぐもどってくるから」

三番《さんばん》めのむすめは、けろりとした顔《かお》で、さくべえさんに耳《みみ》うちをすると、いのししにいいました。

「さあ、これをもっていってちょうだい。わたしのねどこにしくのよ」

そういって、新《あたら》しいわらたばをせなかにくりつけると、自《じ》分《ぶん》はその上《うえ》にのって、家《いえ》をあとにしました。

山《やま》のとうげにさしかかると、むすめはふところから火《ひ》うち石《いし》を出《だ》して、わらに火《ひ》をつけようとしました。

「なんの音《おと》だな」

いのししが、いいました。

「なんでもないわ。カチカチ鳥《どり》が鳴《な》いているのよ」

むすめは、しらんぷりをしながら答《こた》えました。

そのうちに、わらについた火《ひ》が、ボウボウもえ出《だ》しました。

「はて、ボウボウ音《おと》がする。なんの音《おと》だな」

「なんでもないわ。きょうは天気《てんき》がいいから、ボウボウ鳥《どり》が鳴《な》いているのよ」

むすめはいいましたが、火《ひ》があつくて、もうせなかにすわっていられません。むすめは、いのししのせなかから、いそいでとびおりました。そして――。

「ボウボウ鳥《どり》がとりついた。ほれ、どこまでも走《はし》っていけ！」

おしりを思《おも》いきりたたいたから、たまりません。

「あちちちち……」

いのししは火《ひ》だるまになって走《はし》り出《だ》し、がけの上《うえ》から谷底《たにぞこ》へおちていきました。

「お父《とう》さん、お母《かあ》さん、もう安心《あんしん》。いのししは死《し》んだわよー」

心配《しんぱい》していたむすめが元気《げんき》に帰《かえ》ってきたので、さくべえさんたちは大《おお》よろこびでした。

ところが、おかしなことがおこりました。

はたけの作物《さくもつ》が、かれはじめたのです。

さくべえさんの家《いえ》のはたけだけではありません。村《むら》じゅうのはたけで、とり入《い》れ前《まえ》のだいこんやかぶらが、みんなかれてしまったのです。

つぎの年《とし》も、秋《あき》になると、よくそだっていたはたけの作物《さくもつ》が、またかれてしまいました。

こまった村《むら》の人《ひと》たちは、うらない師《し》をよんで、うらなってもらいました。

うらない師《し》は、

「これは、ころされたいのししがおこって、わるさをしておるのじゃ。まつりをして、なぐさめてやるとよい」

と、いいました。

いのししが死《し》んだのは、十月十日《じゅうがつとおか》です。村《むら》の人《ひと》たちは、その日《ひ》に、いのししのおまつりをすることにしました。

はたけにつくったさいだんには、いのししの形《かたち》をしたおもちをそなえました。

こうして、いのこ（いのしし）のまつりをすると、つぎの年《とし》から、はたけの作物《さくもつ》もかれなくなりました。そして、秋《あき》には、おいしいやさいが、たくさんとれるようになった、という話《はなし》です。

十一月

あとかくしの雪《ゆき》

むかしむかし、旅《たび》をつづけながら、しゅぎょうをしているおぼうさんが、おりました。

ある年《とし》の、さむい冬《ふゆ》の日《ひ》のことです。

おぼうさんはつえをつきながら、やっとけわしい山道《やまみち》をこえましたが、村《むら》へ入《はい》るところで、日《ひ》がくれてきました。

おなかは、ぺこぺこです。さむさもますます強《つよ》くなって、こごえそうです。

橋《はし》のたもとで足《あし》を止《と》めて、村《むら》を見《み》わたすと、むこうに大《おお》きな家《いえ》が見《み》えました。

「おお、ありがたい。今夜《こんや》は、あの家《いえ》にとめてもらおう」

おぼうさんはほっとして、あるき出《だ》しました。

「旅《たび》のぼうずです。どこでもかまいません。一《ひと》ばんだけ、とめてくださらぬか」

りっぱな家《いえ》の前《まえ》に立《た》って声《こえ》をかけると、中《なか》から主人《しゅじん》が出《で》てきました。

おぼうさんは、すり切《き》れたきものに、ぼろぼろのあみがさ。はいているわらじも、どろだらけです。

主人《しゅじん》はじろじろおぼうさんを見《み》つめると、

「気《き》のどくだが、見知《みし》らぬ人《ひと》をとめるわけにはいかんでな」

と、つめたくいいました。

「それでは、ほんの少《すこ》し、食《た》べるものをめぐんでくださらぬか」

おぼうさんがじゅずをもみながら手《て》を合《あ》わせると、主人《しゅじん》は、

「うちには、おまえさまにやるものなど、何《なに》もない。――おお、さむい。さっさと、どこかへいっておくれ」

ぴしゃりと、戸《と》をしめてしまいました。

おぼうさんは、とほうにくれました。

近《ちか》くに、家《いえ》などありません。

ところが、夕《ゆう》やみの中《なか》を目《め》をこらしてよく見《み》ると、うらのはたけのむこうに、小屋《こや》のような小《ちい》さな家《いえ》がありました。

おぼうさんは、今度《こんど》はその家《いえ》にいって、たのみました。

「旅《たび》のぼうずです。一《ひと》ばんだけ、とめてくださらぬか」

すると、くさりかけた戸《と》が、ぎぎぎっとひらいて、おばあさんが顔《かお》を出《だ》しました。

「さあ、さあ、中《なか》に入《はい》って休《やす》んでくだされ。といっても、うちはこのとおりのびんぼうで、なんにもありませんがのう」

おばあさんはわらいながら、おぼうさんを、家《いえ》の中《なか》へ入《い》れました。

「今夜《こんや》は、もっともっとさむくなるでしょう。さあ、火《ひ》にあたってくだされ」

おばあさんは、おぼうさんをいろりの前《まえ》にすわらせましたが、いろりの火《ひ》は、ちょろちょろもえているだけです。おばあさんの家《いえ》は、たき木《ぎ》もないほどまずしい家《いえ》でした。

「おお、あたたかい。ありがたいことじゃ」

おぼうさんがいろりの火《ひ》で、つめたい手《て》をあたためていると、おばあさんは、そっと家《いえ》から出《で》ていきました。

しばらくすると、おばあさんはたき木《ぎ》を一《ひと》たばかかえて、もどってきました。

いろりにたき木《ぎ》をくべると、赤《あか》いほのおがもえあがって、家《いえ》の中《なか》をゆらゆらてらし出《だ》しました。

おばあさんの家《いえ》には、ほんとうに何《なに》もありません。

いろりにたき木《ぎ》をくべると、おばあさんはまた外《そと》へ出《で》ていきました。そして今度《こんど》は、どろのついた太《ふと》いだいこんを一本《いっぽん》もってきました。

「ぼうさまにとまってもらっても、食《た》べるものもなくてな」

「いや、いや、こんなさむいばんは、火《ひ》がいちばんのごちそうじゃ。ありがたいことじゃ」

「今《いま》、やきだいこんでも、つくりますがな」

おばあさんは、だいこんを、あらい出《だ》しました。

（おばばは、たき木《ぎ》やだいこんを、どこからもってくるんだろう？）

ふしぎに思《おも》ったおぼうさんが外《そと》へ出《で》てみると、はたけに足《あし》あとがたくさんついていました。

月《つき》の光《ひかり》にてらされて、おばあさんの足《あし》あとは、たき木《ぎ》がつんである、むこうの家《いえ》の蔵《くら》の下《した》まで、つづいていました。さっきおぼうさんのねがいをことわった、あの主人《しゅじん》の大《おお》きな家《いえ》です。

あしたになれば、おばあさんが何《なに》をしたか、あの主人《しゅじん》にもわかってしまいます。

やがて、いろりの火《ひ》でやいているだいこんからゆげが出《で》て、いいにおいがしはじめました。

「さあ、食《た》べてくだされ。やいただいこんは、体《からだ》があたたまるといいますからの

う」

おばあさんは、くしにさしただいこんを、おぼうさんにさし出《だ》しました。

「おう、おう。これはうまい」

おぼうさんはゆげが立《た》ちのぼるだいこんを、おいしそうに食《た》べはじめました。

だいこんを食《た》べておなかがいっぱいになると、おばあさんはおぼうさんに、おくのへやで、ふとんにねてもらおうとしました。

けれどもおぼうさんは、

「わしはここで、火《ひ》の番《ばん》をします。おばばは、ゆっくり休《やす》みなさい」

そういって、いろりの前《まえ》にすわっていました。

なんの物音《ものおと》も聞《き》こえません。

しずかな夜《よる》がふけていきます。

おばあさんのねいきが聞《き》こえてくると、おぼうさんはそっと立《た》ちあがって、家《いえ》から外《そと》に出《で》ました。そして、じゅずを手《て》に、いっしょうけんめい空《そら》にむかって、いのりはじめました。

すると、お月《つき》さまが雲《くも》にかくれ、くらい空《そら》から、ちらちら白《しろ》いものがおちてきました。

雪《ゆき》は、あとからあとから、ふってきます。

のんのんのんのん、ふってきます。

おぼうさんはしずかに旅《たび》のしたくをととのえると、そっとおばあさんの家《いえ》をあとにしました。

朝《あさ》になると、村《むら》は見《み》わたすかぎり、まっ白《しろ》です。やさしいおばあさんの足《あし》あとをかくしてやったおぼうさんは、おだいしさん、弘法大師《こうぼうだいし》というえらいおぼうさんでした。

旅《たび》をつづけるおだいしさんが、まずしいおばあさんの家《いえ》にとまったのは、十一月《じゅういちがつ》の二十三日《にじゅうさんにち》の夜《よる》のことです。

それからというもの、この日《ひ》は夜《よる》になると、かならず雪《ゆき》がふる、という話《はなし》です。

十二月

かさじぞう

むかしむかし、山《やま》おくのある村《むら》に、なかのいいおじいさんとおばあさんがすんでいました。

おじいさんの家《いえ》には、田《た》んぼもはたけも、ありません。

おじいさんは毎日《まいにち》あみがさをあんでは、村《むら》の人《ひと》たちにそれを売《う》って、どうにかくらしていました。

ある年《とし》の大《おお》みそかのことです。

あしたはお正月《しょうがつ》というのに、おもちを買《か》うお金《かね》もありません。

おじいさんは、町《まち》へあみがさを売《う》りにいくことにしました。

「ぜんぶ売《う》れたら、魚《さかな》を買《か》ってこよう。それから少《すこ》し、おさけも買《か》ってくるかな」

「そうですよ。おめでたいお正月《しょうがつ》ですから、おさけも買《か》っていらっしゃい」

おばあさんは、おじいさんのこしに、小《ちい》さなとっくりをさげてやりました。

おじいさんは夜《よ》なべをしてあんだ、五《いっ》つのあみがさをぼうにくくりつけると、それをかついで、

「では、ばあさん、いってくるよ」

といって、遠《とお》い町《まち》まで出《で》かけていきました。

とうげのわかれ道《みち》に、おじぞうさんが六《むっ》つならんでいます。

おじいさんは、そこで足《あし》を止《と》めると、

「おらあ、これから町《まち》へ、かさ売《う》りにいきますだ。みんな売《う》れて、お正月《しょうがつ》のかざりものや、おもちやおさけが買《か》えますように」

手《て》を合《あ》わせて、いのりました。

おじぞうさんたちは、やさしくほほえんでいました。それからおじいさんは、とうげをこえて、やっと町《まち》へつきました。

大《おお》みそかの町《まち》は、たいへんなにぎわいです。

「かさやー。かさやー。あみがさはいらんかねえー」

おじいさんは大《おお》きな声《こえ》をはりあげて、あるきました。

たくさんの人《ひと》がお店《みせ》で買《か》いものをしていても、あみがさは、一《ひと》つも売《う》れません。

そのうちに、日《ひ》がくれてきました。

雪《ゆき》が、のんのん、ふってきました。

「一《ひと》つも売《う》れんでは、なんにも買《か》えんわな」

おじいさんは、ぽつんとつぶやきました。

「おお、さむい。今夜《こんや》は大雪《おおゆき》になるぞ。どれ、おらも帰《かえ》るとするか」

おじいさんはあきらめて、かたのぼうをせおいなおしました。

そして、山《やま》おくの家《いえ》へ、とぼとぼ帰《かえ》っていきました。

雪《ゆき》はのんのんふりつづいて、まっ白《しろ》につもっていきます。

つかれた足《あし》を引《ひ》きずって、とうげのおじぞうさんのところまでくると、おじぞうさんの頭《あたま》に雪《ゆき》がつもっていました。顔《かお》からは、つららがたれさがっています。

「おう、おう。さむそうじゃ。おじぞうさんは、つめたかんべなあ……」

おじいさんは売《う》れなかったあみがさを手《て》にとって、一《ひと》つ一《ひと》つ、おじぞうさんの頭《あたま》にかぶせてやりました。

けれども、おじぞうさんは六《むっ》つ。かさは五《いつ》つ。

「はて、こまったのう。どうすべか……？」

おじいさんはちょっと考《かんが》えて、自分《じぶん》がかぶっていたよごれたあみがさを、いちばん小《ちい》さなおじぞうさんにかぶせました。

おじぞうさんたちは、にこにこ、ほほえんでいます。

おじいさんもうれしくなりました。心《こころ》の中《なか》があたたかくなって、おじいさんもにっこりわらいました。そして、こしの手《て》ぬぐいを頭《あたま》にかぶると、おじぞうさんたちに手《て》を合《あ》わせました。

まっくらなとうげの道《みち》を、ころげるようにおりていくと、遠《とお》くにぽちっと、家《いえ》のあかりが見《み》えました。

おじいさんはほっとひといきつくと、橋《はし》をわたって、またいそぎ足《あし》で家《いえ》へ帰《かえ》っていきました。

頭《あたま》から雪《ゆき》をかぶったおじいさんを見《み》て、おばあさんはびっくりしました。

「おじいさん、どうしました？　自分《じぶん》のかさまで、売《う》ってきなすったかね」

「いや、そうじゃねえ。かさは一《ひと》つも売《う》れんでのう……」

おじいさんは、雪《ゆき》をはらいながら、あみがさをぜんぶ、とうげのおじぞうさんの頭《あたま》にかぶせてきた話《はなし》をしました。

「それは、よいことをしなすった。なんにもなくても、二人《ふたり》でお正月《しょうがつ》をいわって、めでたい気《き》もちになればいいんです。さあ、さあ、さむかったでしょう。おなかもすいたでしょう。早《はや》く火《ひ》にあたってくだされや」

おじいさんとおばあさんは、つけものだけで、あわのごはんを食《た》べると、ねむってしまいました。

すると、ま夜中《よなか》のことです。遠《とお》くから歌《うた》が聞《き》こえてきました。

あわもち　一《ひと》つ　ぺったらこ
じぞうの　頭《あたま》に　かさ　のせた
じいの　家《いえ》は　どこだろう……

歌声《うたごえ》は、だんだん近《ちか》づいてきます。

「はて。なんのさわぎじゃろう……？」

目《め》をさましたおじいさんとおばあさんが話《はなし》をしていると、家《いえ》の前《まえ》で、どさっ！と、大《おお》きな音《おと》がしました。

びっくりしたおじいさんとおばあさんが、戸《と》をあけてみると、

「おや、これはなんじゃな？」。

家《いえ》の前《まえ》に、たわらがいくつもころがっていました。

そして、雪《ゆき》の中《なか》を、あみがさをかぶった六人《ろくにん》のおじぞうさんが、とことこ、山《やま》のほうへ帰《かえ》っていくのが見《み》えました。

おじいさんがたわらをあけてみると、中《なか》からお正月《しょうがつ》のかざり

ものが出《で》てきました。

おもちや魚《さかな》、やさいやおさけもあります。

心《こころ》のやさしいおじいさんとおばあさんは、おじぞうさんからもらったたくさんのおくりもので、めでたいお正月《しょうがつ》を楽《たの》しくむかえた、という話《はなし》です。

「行事《ぎょうじ》」のミニ解説《かいせつ》

年の始め

干支《えと》というのは、中国《ちゅうごく》で使《つか》われていた暦《こよみ》の表《あらわ》し方《かた》で、十干《じっかん》（甲《きのえ》、乙《きのと》、丙《ひのえ》、丁《ひのと》、戊《つちのえ》、己《つちのと》、庚《かのえ》、辛《かのと》、壬《みずのえ》、癸《みずのと》）と十二《じゅうに》（十二支《じゅうにし》）の動物名《どうぶつめい》を組《く》み合《あ》わせて、年《とし》や月日《がっぴ》を表《あらわ》していました。それが、方角《ほうがく》などの呼《よ》び名《な》にも用《もち》いられるようになって、今《いま》から千三百年《せんさんびゃくねん》ほど前《まえ》に、わが国《くに》にも伝《つた》えられてきました。

このごろでは、十二支《じゅうにし》だけを使《つか》って「あなたは、何年生《なにどしう》まれ?」などと、たずねたりします。十二支《じゅうにし》に選《えら》ばれた動物《どうぶつ》たちの習性《しゅうせい》、性格《せいかく》、特質《とくしつ》などに関心《かんしん》が持《も》たれ、相性《あいしょう》や占《うらな》いなどにも用《もち》いられて、人々《ひとびと》に親《した》しまれています。

十二支《じゅうにし》の由来話《ゆらいばなし》は、ねことねずみと牛《うし》の話《はなし》が全国的《ぜんこくてき》に知《し》られています。福島県《ふくしまけん》には、ねこはねずみにだまされたのではなく、みずから参加《さんか》をこばみ、悪《わる》い仲間《なかま》のたぬきときつねを誘《さそ》って、野原《のはら》でおけさ踊《おど》りをしたという、ユーモラスな話《はなし》もあります。この本《ほん》で紹介《しょうかい》した由来話《ゆらいばなし》の原話《げんわ》は、岡山県《おかやまけん》に伝《つた》わる話《はなし》です。

一月

「初夢《はつゆめ》」は、正月二日《しょうがつふつか》の夜《よる》に見《み》る夢《ゆめ》のことをいいます。夢《ゆめ》には古《ふる》くから、前《まえ》もって何《なに》かを知《し》らせる力《ちから》があると考《かんが》えられてきました。ことに初夢《はつゆめ》には、その年《とし》の運《うん》やさまざまな願《ねが》いごと、将来《しょうらい》までをも占《うらな》う力《ちから》があると信《しん》じられてきました。しかも、「だれにも話《はな》さない」という約束《やくそく》ごとを守《まも》れば、その夢《ゆめ》はかなうというのですから、夢《ゆめ》の吉《きっ》凶《きょう》に無関心《むかんしん》ではいられません。

だれもがよい夢《ゆめ》を見《み》たいと願《ねが》います。そこで、正月《しょうがつ》になると、「お宝《たから》」「お宝《たから》」と呼《よ》ばわりながら、宝船《たからぶね》が描《えが》かれた紙《かみ》を売《う》り歩《ある》く人《ひと》がいました。宝船《たからぶね》には福《ふく》を招《まね》く七福神《しちふくじん》と金銀財宝《きんぎんざいほう》の山《やま》が描《えが》かれていて、この紙《かみ》を枕《まくら》の下《した》に敷《し》いて寝《ね》ると、よい夢《ゆめ》を見《み》ることができるというのですが、よい夢《ゆめ》は他人《たにん》に語《かた》ると、幸《しあわ》せはその人《ひと》に持《も》っていかれてしまいます。また、よい夢《ゆめ》を買《か》って幸《しあわ》せになった人《ひと》の話《はなし》もあります。悪《わる》い夢《ゆめ》を見《み》たときは、宝船《たからぶね》が描《えが》かれた紙《かみ》を川《かわ》へ流《なが》してしまいます。
ここでは、鬼ケ島《おにがしま》が出《で》てくる、鹿児島県甑島《かごしまけんこしきじま》の話《はなし》を中心《ちゅうしん》に紹介《しょうかい》しました。

二月

「節分《せつぶん》」とは、季節《きせつ》が変《か》わる節目《ふしめ》にあたる日《ひ》のことをいいますが、今《いま》では立春《りっしゅん》の前日《ぜんじつ》だけをいうようになりました。

季節《きせつ》の変《か》わり目《め》には、よく体調《たいちょう》をくずしたりします。そこで、わざわいを持《も》ってくるというオニをはらう信仰《しんこう》が生《う》まれました。節分《せつぶん》の夕方《ゆうがた》、オニが入《はい》ってくるのを防《ふせ》ぐために、オニの目《め》をつくトゲのあるヒイラギの小枝《こえだ》に、オニがきらいなにおいのするイワシの頭《あたま》などをつけ、戸口《とぐち》や窓辺《まどべ》に立《た》てて、「福《ふく》は内《うち》、オニは外《そと》」と唱《とな》えながら、炒《い》り豆《まめ》で豆打《まめう》ち（豆《まめ》まき）をします。また、「福《ふく》は内《うち》、オニも内《うち》」と唱《とな》えて、家々《いえいえ》から追《お》われる全国《ぜんこく》のオニを集《あつ》め、お経《きょう》で改心《かいしん》させるというお寺《てら》も、奈良県《ならけん》にはあります。

節分《せつぶん》の夜《よる》、オニを打《う》つ豆《まめ》を年《とし》の数《かず》だけ食《た》べると病気《びょうき》にならないとか、豆《まめ》を年《とし》の数《かず》だけ紙《かみ》に包《つつ》んで神棚《かみだな》に供《そな》え、春雷《しゅんらい》が初《はじ》めて鳴《な》った夜《よる》に食《た》べると、一年《いちねん》を、病気《びょうき》もせず元気《げんき》に過《す》ごせる、という言《い》い伝《つた》えもあります。

紹介《しょうかい》した由来話《ゆらいばなし》は、伊豆《いず》や東京都下《とうきょうとか》の檜原村《ひのはらむら》などに伝《つた》わるむかし話《ばなし》をまとめました。

三月

「ひな祭《まつ》り」（桃《もも》の節句《せっく》）は、ひな（人形《ひとがた》）をかざって、女《おんな》の子《こ》の健康《けんこう》な成長《せいちょう》と幸《しあわ》せを祈《いの》る行事《ぎょうじ》です。

上巳《じょうし》（三月最初《さんがつさいしょ》の巳《み》の日《ひ》）に、川《かわ》の流《なが》れで身《み》を清《きよ》め、青草《あおくさ》を踏《ふ》んで、わざわいやけがれをはらうという中国《ちゅうごく》の古《ふる》い風習《ふうしゅう》がわが国《くに》に伝《つた》えられ、この行事《ぎょうじ》がはじまりました。

身代《みが》わりの人形《ひとがた》には、古《ふる》くから霊力《れいりょく》があるものと考《かんが》えられてきました。生《う》まれてきた子《こ》どものわざわいをまぬがれるために、布地《ぬのじ》などで人形《ひとがた》を作《つく》って添《そ》い寝《ね》をさせ、わざわいを移《うつ》して川《かわ》などへ流《なが》していました。この人形《ひとがた》に美《うつく》しい衣装《いしょう》を着《き》せて遊《あそ》ぶようになった「ひな遊《あそ》び」が結《むす》びついて、わが国独特《くにどくとく》のひな祭《まつ》りの行事《ぎょうじ》が生《う》まれたのです。

ひな段《だん》を作《つく》ってかざるようになったのは、江戸《えど》中期《ちゅうき》の元禄時代《げんろくじだい》といわれ、だんだんと華《はな》やかなものになりました。しかし、鳥取県《とっとりけん》の「流《なが》しびな」など、本来《ほんらい》の清《きよ》めの風習《ふうしゅう》のみを伝《つた》えているもの、沖縄県《おきなわけん》の「浜下《はまお》り」のように、家族《かぞく》で磯遊《いそあそ》びをする、楽《たの》しい行事《ぎょうじ》に変化《へんか》してきているものもあります。

取《と》り上《あ》げた由来話《ゆらいばなし》は、長崎地方《ながさきちほう》に伝《つた》わっていたものです。

四月

四月八日《しがつようか》は、仏教《ぶっきょう》を開《ひら》いたインドのお釈迦《しゃか》さまの誕生日《たんじょうび》。それを祝《いわ》う行事《ぎょうじ》を「灌仏会《かんぶつえ》」といいますが、今《いま》では「花祭《はなまつ》り」と呼《よ》ばれて、親《した》しまれています。

この日《ひ》、お寺《てら》では、お釈迦《しゃか》さまが生《う》まれたルンビニーの花園《はなぞの》を表《あらわ》した美《うつく》しい花御堂《はなみどう》を作《つく》り、水盤《すいばん》の上《うえ》に誕生仏《たんじょうぶつ》を安置《あんち》して、ひしゃくで甘茶《あまちゃ》を頭《あたま》からそそぎます。甘茶《あまちゃ》はお釈迦《しゃか》さまが使《つか》った尊《とうと》い産湯《うぶゆ》というわけです。参詣者《さんけいしゃ》は、この甘茶《あまちゃ》を容器《ようき》に入《い》れて持《も》ち帰《かえ》り、家族《かぞく》に分《わ》けあたえて、一家《いっか》の健康《けんこう》、子《こ》どもの無事《ぶじ》な成長《せいちょう》などを祈願《きがん》するのです。

また、この甘茶《あまちゃ》で目《め》を洗《あら》うと眼病《がんびょう》が治《なお》るとか、墨《すみ》をすって手習《てなら》いすると、字《じ》がじょうずになるともいわれています。さらにこの墨《すみ》で「千早振《ちはやぶ》る卯月八日《うづきようか》は吉日《きちじつ》よ、神《かみ》さげ虫《むし》（うじ虫《むし》）を成敗《せいばい》ぞする」と札《ふだ》に書《か》いて、農作物《のうさくぶつ》の害虫《がいちゅう》よけに使《つか》うところもあります。また、この日《ひ》は、山《やま》の神《かみ》や田《た》の神《かみ》がやってくる日《ひ》だというところもあります。

灌仏会《かんぶつえ》は、仏教伝来《ぶっきょうでんらい》とともに中国《ちゅうごく》から伝《つた》えられ、年中行事化《ねんちゅうぎょうじか》したのは、承和七年《じょうわしちねん》（八四〇年《ねん》）の四月八日《しがつようか》です。

五月

五月五日《ごがついつか》の「端午《たんご》の節句《せっく》」は、男子《だんし》の節句《せっく》といわれます。

節句《せっく》というのは、季節《きせつ》の大《おお》きな変《か》わり目《め》にあたる日《ひ》で、この日《ひ》におそってくると信《しん》じられていたはやり病《やまい》やわざわいをはらう行事《ぎょうじ》が行《おこな》われていました。五月《ごがつ》の端午《たんご》というのは、五月《ごがつ》の端《はし》（はじめの意味《いみ》）の午《うま》の日《ひ》ということです。

むかしの中国《ちゅうごく》では、この日《ひ》、人々《ひとびと》は野《の》に出《で》て、菖蒲《しょうぶ》やよもぎなどの薬草《やくそう》を摘《つ》み、野遊《のあそ》びをしたり、薬草《やくそう》で人形《ひとがた》を作《つく》ったり、家《いえ》の屋根《やね》にかけたりしました。また、ちまきを食《た》べ、菖蒲酒《しょうぶしゅ》を飲《の》んだりして、家《いえ》や体《からだ》につくわざわいをはらいましたが、行事《ぎょうじ》に男女《だんじょ》の別《べつ》はありませんでした。

わが国《くに》に伝《つた》わってから鎌倉時代《かまくらじだい》になると、菖蒲《しょうぶ》という音《おん》が、武芸《ぶげい》などを重《おも》んずる「尚武《しょうぶ》」にも通《つう》じることから、流鏑馬《やぶさめ》や菖蒲打《しょうぶう》ちの合戦《かっせん》など、男子《だんし》の勇《いさ》ましい行事《ぎょうじ》に変《か》わっていきます。室町時代《むろまちじだい》には兜人形《かぶとにんぎょう》が作《つく》られます。さらに江戸時代《えどじだい》になると、鯉《こい》のぼりが立《た》てられ、柏餅《かしわもち》も作《つく》られるようになります。そして、時代《じだい》の移《うつ》り変《か》わりとともに、端午《たんご》の節句《せっく》は、健康《けんこう》・出世《しゅっせ》を願《ねが》う男子《だんし》の祝《いわ》いの日《ひ》へと変《か》わってきました。

六月

日本人《にほんじん》の主食《しゅしょく》であるお米《こめ》は、苗作《なえづく》りにはじまって、いくつもの作業《さぎょう》を経《へ》て、やっと私《わたし》たちの口《くち》に入《はい》ります。

農作業《のうさぎょう》が機械化《きかいか》された今日《こんにち》とちがって、なんでも手作業《てさぎょう》でやらなければならなかったむかしは、こうした作業《さぎょう》がすべてうまくいかなければ、秋《あき》の豊《ゆた》かな収穫《しゅうかく》も危《あや》ぶまれます。

そこでほとんどの作業《さぎょう》の前《まえ》に、田《た》の神《かみ》に無事《ぶじ》を祈《いの》る祭事《さいじ》が行《おこな》われます。

なかでも田植《たう》えは、時期《じき》も限《かぎ》られるので、どこの農家《のうか》でも人手《ひとで》が足《た》りず、お互《たが》いに手伝《てつだ》い合《あ》ったり、ほかの村《むら》に人手《ひとで》をたのんだりしなければなりません。神《かみ》や仏《ほとけ》にすがりたいという人々《ひとびと》の気持《きも》ちが、田植《たう》え祭《まつ》りの由来《ゆらい》として「田植《たう》え地蔵《じぞう》」のような話《はなし》を、全国的《ぜんこくてき》に生《う》んだのでしょう。「田植《たう》え地蔵《じぞう》」の話《はなし》は、地蔵信仰《じぞうしんこう》が農民《のうみん》の生活《せいかつ》と深《ふか》く結《むす》びついて、広《ひろ》がっていきました。

各地《かくち》に伝《つた》わるむかし話《ばなし》には、観音《かんのん》さまが老婆《ろうば》の姿《すがた》をして手助《てだす》けにきた話《はなし》とか、たくさんの田植《たう》え娘《むすめ》が現《あらわ》れて、手伝《てつだ》ってくれたという話《はなし》もあります。田植《たう》えが終《お》わると、こんどは、植《う》えた苗《なえ》の成長《せいちょう》を田《た》の神《かみ》に祈《いの》る「田《た》の神祭《かみまつ》り」が行《おこな》われます。

こうした行事《ぎょうじ》に、むかしの農家《のうか》の苦労《くろう》や共同体《きょうどうたい》としての村《むら》の楽《たの》しさがしのばれます。

七月

「七夕《たなばた》」の行事《ぎょうじ》は、中国《ちゅうごく》に伝《つた》わる牽牛《けんぎゅう》と織女《しょくじょ》の伝説《でんせつ》と、女性《じょせい》の機織《はたお》りや裁縫《さいほう》などの上達《じょうたつ》を祈《いの》る、中国《ちゅうごく》の祭《まつ》りのならわしが奈良時代《ならじだい》に伝《つた》えられ、わが国古来《くにこらい》の「棚機《たなばた》つ女《め》」（水辺《みずべ》で機《はた》を織《お》る娘《むすめ》）の清《きよ》めの信仰《しんこう》の話《はなし》が結《むす》びついて生《う》まれたものです。そして、時代《じだい》の移《うつ》り変《か》わりとともに、子《こ》どもたちの幸《しあわ》せを願《ねが》う「星祭《ほしまつ》り」として発展《はってん》してきました。

江戸時代《えどじだい》には、手習《てなら》いの普及《ふきゅう》とともに、願《ねが》いごとを記《しる》した短冊《たんざく》を笹竹《ささだけ》につるすようになりました。この風習《ふうしゅう》には、「七《しち》月七日《がつなのか》は七度水《ななどみず》を浴《あ》びる日《ひ》」、「洗《あら》えばなんでも垢《あか》が落《お》ちる日《ひ》」などといわれるように、祈願《きがん》には欠《か》かせない清《きよ》めの意味《いみ》があったことを忘《わす》れてはならないでしょう。

七夕《たなばた》の由来《ゆらい》を語《かた》るむかし話《ばなし》は、天《てん》から神女《しんにょ》が降《お》りてくる羽衣説話《はごろもせつわ》が「天人女房《てんにんにょうぼう》」などの話《はなし》と結《むす》びついて、数多《かずおお》く伝《つた》えられています。

各地《かくち》に伝《つた》わるそれぞれの話《はなし》は、伝承地《でんしょうち》の風土《ふうど》などを背景《はいけい》に多《おお》くあります。牽牛役《けんぎゅうやく》の若者《わかもの》の職業《しょくぎょう》も、牛飼《うしか》いのほかにも多種《たしゅ》で、天《てん》にのぼるくだりもさまざまです。それだけこの由来話《ゆらいばなし》が、人々《ひとびと》に愛《あい》されてきた証拠《しょうこ》でしょう。

八月

「お盆《ぼん》」（盂蘭盆会《うらぼんえ》）は、祖先《そせん》の霊《れい》を迎《むか》えてなぐさめる、仏教《ぶっきょう》の夏《なつ》の行事《ぎょうじ》です。

七月十三日《しちがつじゅうさんにち》、おがらで迎《むか》え火《び》をたき、盆《ぼん》どうろうをともして祖霊《それい》を迎《むか》えます。このとき、おがらを脚《あし》にしたキュウリの馬《うま》やナスの牛《うし》を供《そな》えます。祖霊《それい》たちはこれに乗《の》り、おがらの煙《けむり》に導《みちび》かれ、とうろうの明《あ》かりを目印《めじるし》にして、なつかしい家《いえ》に帰《かえ》ってきます。

十六日《じゅうろくにち》には祖霊《それい》を送《おく》る送《おく》り火《び》をたきますが、キュウリの馬《うま》やナスの牛《うし》は、迎《むか》える時《とき》と反対《はんたい》の向《む》きに置《お》きかえます。お供《そな》え物《もの》は、送《おく》り舟《ぶね》に乗《の》せて、川《かわ》や海《うみ》へ流《なが》します。この祖霊送《それいおく》りが、大文字《だいもんじ》焼きやとうろう流《なが》しです。

仏教《ぶっきょう》の説話《せつわ》では、死者《ししゃ》はまず、地獄《じごく》で閻魔《えんま》の前《まえ》に立《た》たされます。そして霊《れい》を浄化《じょうか》させて浄土《じょうど》（極楽《ごくらく》）へ導《みちび》くため、生《せい》前《ぜん》の行《おこな》いの善悪《ぜんあく》によって、責《せ》め苦《く》を課《か》せられます。

お盆《ぼん》の由来話《ゆらいばなし》には、地獄《じごく》で苦《くる》しむ母親《ははおや》を、供養《くよう》によって救《すく》ったというお釈迦《しゃか》さまの弟子《でし》、目連《もくれん》の話《はなし》があります。各地《かくち》に伝《つた》わるむかし話《ばなし》『じごくへいった三人《さんにん》』は、この目連《もくれん》の話《はなし》をもとにしたものです。

九月

「お月見《つきみ》」は、仲秋《ちゅうしゅう》の名月《めいげつ》といわれる、秋《あき》の十五夜《じゅうごや》の月《つき》を愛《め》でることからはじまった行事《ぎょうじ》です。月明《つきあ》かりの下《した》で詩歌《しいか》を詠《よ》み、音楽《おんがく》を奏《かな》でた中国《ちゅうごく》の仲秋節《ちゅうしゅうせつ》の行事《ぎょうじ》が平安時代《へいあんじだい》に伝《つた》えられ、宮中《きゅうちゅう》で行《おこな》われていました。ところが、陰暦《いんれき》の八月十五日《はちがつじゅうごにち》が秋《あき》の収穫期《しゅうかくき》に近《ちか》いことから、収穫《しゅうかく》を感謝《かんしゃ》する月祭《つきまつ》りの色合《いろあ》いが強《つよ》くなって、一般《いっぱん》に広《ひろ》まりました。

「月《つき》にはうさぎが住《す》む」という言《い》い伝《つた》えは、インドにも中国《ちゅうごく》にもあります。中国《ちゅうごく》では、月《つき》には不老長寿《ふろうちょうじゅ》の妙薬《みょうやく》である月《げっ》桂樹《けいじゅ》があり、秋《あき》になると紅葉《こうよう》するといわれます。そのため、秋《あき》は月《つき》の光《ひかり》も明《あか》るさを増《ま》し、紅葉《こうよう》の最盛期《さいせいき》である十五日《じゅうごにち》の夜《よる》、人間《にんげん》はその光《ひかり》を身《み》に受《う》けることで、長寿《ちょうじゅ》がかなうといわれるのです。この夜《よる》は、月《つき》に住《す》む月兎《げっと》が月桂樹《げっけいじゅ》の葉《は》を臼《うす》でつくので、うさぎの影《かげ》が見《み》え、その影《かげ》が、わが国《くに》ではお餅《もち》をつくうさぎに見《み》えるというわけです。

なぜ「月《つき》にうさぎが住《す》むのか」は、インドのお釈迦《しゃか》さまの説話《せつわ》「月《つき》へいったうさぎ」によって語《かた》られ、古《ふる》くからわが国《くに》のむかし話《ばなし》の中《なか》で伝《つた》えられてきました。

十月

十月十日《じゅうがつとおか》の「亥《い》の子祭《こまつ》り」は、田畑《たはた》の収穫《しゅうかく》を祝《いわ》う祭《まつ》りです。祭《まつ》りには、作物《さくもつ》を荒《あ》らすいのししを追《お》い払《はら》い、豊《ゆた》かな実《みの》りをもたらしてくれるようにとの祈《いの》りがこめられています。六《ろく》、七十年前《しちじゅうねんまえ》までは、近畿以西《きんきいせい》のほぼ全域《ぜんいき》で行《おこな》われていました。新潟県《にいがたけん》・長野県《ながのけん》・山梨県《やまなしけん》などの中越部《ちゅうえつぶ》では、「十日夜《とおかんや》」の名《な》で呼《よ》ばれます。千葉県《ちばけん》・埼玉県《さいたまけん》・神奈川県《かながわけん》などは、「亥《い》の子祭《こまつ》り」と「十日夜《とおかんや》」の両方《りょうほう》がまざっています。

「亥《い》の子祭《こまつ》り」は、わらで作《つく》ったいのししを棒《ぼう》で打《う》ったり、「亥《いのこ》の日《ひ》のよさ、餅《もち》つかぬ者《もの》はオニもうけ」などとはやして、地面《じめん》をたたきながら餅《もち》を食《た》べる子《こ》どもの行事《ぎょうじ》として知《し》られています。また、「案山子上《かかしあ》げ」といって、この日《ひ》、田畑《たはた》から持《も》ち帰《かえ》ったカカシを庭先《にわさき》にすえ、餅《もち》とだいこんを供《そな》える地方《ちほう》もあります。カカシは田畑《たはた》を守《まも》る神《かみ》とされ、この日《ひ》、山《やま》へ帰《かえ》るので、お供《とも》のかえるに粉《こな》のついた餅《もち》を背負《せお》わせる地方《ちほう》もあります。

ここに紹介《しょうかい》した由来話《ゆらいばなし》は、「猿婿入《さるむこいり》」や「カチカチ山《やま》」がまざった広島県《ひろしまけん》や香川県《かがわけん》に伝《つた》わるむかし話《ばなし》です。

十一月

「大師講《だいしこう》」は、十一月二十三日《じゅういちがつにじゅうさんにち》の夜《よる》から二十四日《にじゅうよっか》にかけて行《おこな》われる行事《ぎょうじ》です。旧暦《きゅうれき》では、一年《いちねん》のうちで最《もっと》も昼間《ひるま》の短《みじか》い冬至《とうじ》です。暦《こよみ》の発達《はったつ》していなかった時代《じだい》には、満月《まんげつ》が半分《はんぶん》になる霜月《しもつき》（十一月《じゅういちがつ》）下弦《かげん》の日《ひ》（二《に》十三夜《じゅうさんや》）を選《えら》んでいました。冬至《とうじ》は新《あたら》しい季節《きせつ》がはじまる大《おお》きな節目《ふしめ》にあたり、この日《ひ》は、神《かみ》や祖霊《それい》が村々《むらむら》を訪《おとず》れ、翌年《よくとし》の収穫《しゅうかく》を約束《やくそく》し、人々《ひとびと》に新《あら》たな活力《かつりょく》をあたえていくと信《しん》じられていました。こうした民間信仰《みんかんしんこう》は、中国《ちゅうごく》やヨーロッパにもあります。

ところで、「大師講《だいしこう》」の大師《だいし》というと、一般《いっぱん》には弘法大師《こうぼうだいし》とされていますが、東北地方《とうほくちほう》では、元三大師《がんさんだいし》（慈恵大師《じえだいし》）、近畿地方《きんきちほう》では智者大師《ちしゃだいし》など、地方《ちほう》によって異《こと》なります。さらに聖徳太子《しょうとくたいし》（太子講《たいしこう》）とするところもあり、こうした言《い》い伝《つた》えは仏教《ぶっきょう》の普及《ふきゅう》とともに後年《こうねん》生《う》まれました。大師《だいし》も太子《たいし》も、神《かみ》の子《こ》を意味《いみ》しています。

この夜《よる》、訪《おとず》れてくる神《かみ》さまのお客《きゃく》に、かゆ、あずきがゆ、あずきだんご、だいこん、かぶらなどを供《そな》え、自分《じぶん》たちも食《た》べて、病気《びょうき》にならず元気《げんき》で暮《く》らせるよう祈《いの》ります。

十二月

「年越《としこ》し」というのは、一年《いちねん》のさかい目《め》のことです。大年越《おおとしこ》しの夜《よる》といわれる大《おお》みそかの夜《よる》、新《あたら》しい年取《としと》りを祝《いわ》うため、家族全員《かぞくぜんいん》が集《あつ》まって祝儀《しゅうぎ》の食事《しょくじ》をします。その料理《りょうり》を「おせち」といいました。おせちは、今《いま》では正月《しょうがつ》に食《た》べる料理《りょうり》のことをいいますが、むかしは大《おお》みそかの夕食《ゆうしょく》に食《た》べる、年越《としこ》しの祝《いわ》いの料理《りょうり》だったのです。

「かさじぞう」のむかし話《ばなし》は、新年《しんねん》を迎《むか》える準備《じゅんび》もできない貧《まず》しい老夫婦《ろうふうふ》の心温《こころあたた》まる話《はなし》ですが、「年越《としこ》し」の話《はなし》には、旅人《たびびと》などに姿《すがた》を変《か》えた神《かみ》さまが訪《おとず》れて、善良《ぜんりょう》な人《ひと》には幸《しあわ》せな新《あたら》しい年《とし》をあたえ、親切心《しんせつしん》がない者《もの》には不運《ふうん》が見舞《みま》うといった話《はなし》が数多《かずおお》く伝《つた》えられています。

この日《ひ》にちなんだ縁起《えんぎ》も多《おお》く、食《た》べ物《もの》では「細《ほそ》く、長《なが》く（幸《しあわ》せを）」という縁起《えんぎ》から、年越《としこ》しそばがよく知《し》られています。「年越《としこ》しに麦飯《むぎめし》を食《た》べると一年中《いちねんじゅう》の力《ちから》となる」ともいわれます。「この夜《よる》、早《はや》く寝《ね》るとしわができる」とか、「髪《かみ》の毛《け》が白《しろ》くなる」ともいわれ、神社《じんじゃ》などで徹夜《てつや》をして正月《しょうがつ》を迎《むか》える「夜不寝講《よねんこう》」の風習《ふうしゅう》などもあります。

●谷 真介（たに　しんすけ）
1935年生まれ。日本文芸家協会会員。『台風の島に生きる』（偕成社）で第3回ジュニア・ノンフィクション文学賞、1976年度厚生省児童文化福祉奨励賞受賞。「行事むかしむかし」シリーズ・全13巻（佼成出版社）で第15回巌谷小波文芸賞受賞。作品に『みんながねむるとき』（理論社）『沖縄少年漂流記』（金の星社）『366日のむかし話』（講談社）『九ひきの小おに』（ポプラ社）ほか多数。

●赤坂三好（あかさか　みよし）
1937年生まれ。1973年、『十二さま』（国土社）により小学館絵画賞受賞、『かまくら』（講談社）によりＢＩＢ国際展で金牌賞受賞。1975年、『十二さま』によりＢＩＢ国際展で金牌賞受賞。著書に『忘れないで　第五福竜丸ものがたり』（金の星社）『まめつぶうた』（理論社）『義経と弁慶』（ポプラ社）「行事むかしむかし」シリーズ・全13巻（佼成出版社）ほか多数。
2006年逝去。

読み聞かせ昔ばなし
行事むかしむかし

2005年9月30日　第１刷発行
2017年1月15日　第５刷発行

文　谷 真介
絵　赤坂三好
発行者　水野博文
発行所　株式会社 佼成出版社
〒166-8535　東京都杉並区和田2-7-1
電話（販売）03-5385-2323
（編集）03-5385-2324
URL　http://www.kosei-shuppan.co.jp/
印刷所　株式会社 精興社
製本所　株式会社 若林製本工場
装丁　速水竜太

ISBN978-4-333-02164-2　C8393　NDC913/144P/22cm
落丁本、乱丁本は送料小社負担でお取替え致します。